# 裁判の非情と人情

原田國男
Kunio Harada



岩波新書
1646

# 目　次

目次



イラスト　赤池佳江子

# 第一章　裁判は小説よりも奇なり

## ——忘れがたい法廷での出会い

## 「法廷闘争時代」の幕開けに

　最初に自己紹介をかねて、いささか個人的な経歴を語っておきたい。私は、裁判官を四〇年余りして、二〇一〇年に退官した。その大半が刑事裁判官であった。地裁が約一六年、高裁が約一二年、最高裁の刑事調査官が四年である。あとの残りは、法務省刑事局で刑法全面改正作業に六年従事していた。

　このように裁判官人生の大半を刑事裁判のみという例は、いまでは少なくなっている。私の場合、一九六九(昭和四四)年に東大安田講堂事件が起こり、その年の四月に東京地裁に新任判事補として配属となった。大量の学生たちが起訴され、「法廷闘争時代」の幕開けとなり、合議体のメンバーを途中で変えることが困難であったことから、判事補の最初の三年間刑事のみということになった。それがきっかけである。

刑事であっても民事であっても、裁判官の仕事の多くの部分を占めるのは、判決書の起案である。これには、若いときから誰でも苦労する。机に向かえばスラスラ書けるという天才肌の人はいるかもしれないが、大概は、悪戦苦闘する。これも修業のうちであり、最初の起案は徹底的に直されるのが普通である。

直すにも名人芸があり、原文は、わずかしか残っていないのに、見事につないで立派な起案に仕上げる人がいる。自分の起案は句読点だけだった、という自虐的な言葉も聞く。

このように詳細に直してくれるのは、たいへん有り難いことで、勉強になる。もっとも、直すだけが起案の指導方法ではない。まったく直さないという方法もある。私が新任判事補として最初にお仕えした裁判長はこのタイプであった。合議体は三人構成で、裁判長と右陪席と左陪席からなる。左陪席の私が起案し、右陪席が手を入れたものを裁判長に提出すると、まったく直さない。一字も直さないのである。

それは、楽で良いと思うかもしれないが、逆であって、大変だった。自分たちが起案したものは、裁判長がそのまま読み上げるのだから、一字でも誤りがあってはならず、いわば、完成品を最初から作らなければならないのである。そのプレッシャーは大きく、どうせ直してくれるからといった安易な気持ちは吹っ飛んでしまう。私と右陪席で最高のものを作らなければならないのである。そこがこの教育方法のミソなのであろう。

自分もこのやり方をまねしようと思ったが、とうてい、できなかった。いくら完成品を目指した起案だったとしても、どうしても、手を入れたくなる。これを我慢するということは、相当な自己規制の心組みがないと無理なのである。人間ができていないとダメだと、自分が直す側に回ったときに痛感した。

この裁判長は、合議でも、ご自分の意見は、最後まで言わない。合議を尽くして最後に右陪席がこんなものでしょうかと言われると、それでいいでしょうと言われるだけだ。それまでは、右陪席、左陪席、司法修習生に時間制限なく議論をさせるのである。議論がまとまらないと、日曜日でもご自宅でその続きをした。その間、ニコニコして議論を聞くのを楽しまれる風情なのである。これほど、自由に議論をしたことは、四〇年近い裁判官人生でもなかった。

驚いたのは、合議の最中に、地方から出張の挨拶で裁判官が来たときのことである。普通なら、今合議中なのでということで簡単に挨拶を受けられるだけであろう。そうではなかった。せっかく来たのだから、今、原田君が説明するので、君の意見も聞きたいというのだ。そうすると、その方も驚きつつ、一生懸命合議に参加して自分の意見を述べられる。

出張の挨拶に行って、合議に加わった人はいないであろう。そんな合議は違法だと何かと堅苦しい人は言うであろう。しかし、合議において自由闊達に議論しろとは誰でも言うが、ここまで徹底してその雰囲気を大切にされたのは、この裁判長くらいである。ここでも、起案の例と同様、自分の意見は殺して、合議体として最高の合議結果と判決を練りあげようとされたのである。これも自分にはとうていまねできなかった。人間の器《うつわ》が違うと実感した。

この裁判長は、法廷での訴訟指揮でも素晴らしかった。

私が裁判官になったその年の一九六九(昭和四四)年一月に安田講堂事件があったことは最初に述べた。四月から大量起訴された学生の公判が始まり、東京地裁は、東大事件の荒れる法廷で明け暮れていた。多くの法廷では、被告人らの冒頭の意見陳述で不規則発言が相次ぎ、これに傍聴席も呼応して、被告人ら全員と傍聴人全員の退廷命令が繰り返されていた。

ところが、うちの法廷はそうではなかった。被告人の意見陳述を一切制限しない。一時間でもさせる。次の被告人も同様である。最初の被告人が長く述べたので三〇分程度になる。次は、その半分くらいになる。八人目の最後の被告人にいたっては、もうありませんという。

拳を振り上げて、裁判所を糾弾しようとした学生もすっかり牙をぬかれてしまう。彼らの主張内容は空疎で、何時間も語れる内容がないのである。だから、発言禁止など裁判所の規制をとらえて、暴言を吐こうと身構えているのにそれができない。また、同志の言葉のむなしさを身にしみて感じてくる。

結局、うちの法廷は、少し時間はかかっても、何ら荒れることもなく、平穏に終わった。学生たちは、敗北感を懐《いだ》いて法廷を去った。その後も順調に審理は進んだ。これも起案、合議と同様、人間としてまねができる芸当ではない。この裁判長は、最後に最高裁判事にまでなられた。当然のことだと思う。

## 右手を挙げて宣誓?

裁判の証人尋問で宣誓をしてもらうと、右手を挙げて宣誓しようとする人が結構いる。アメリカ映画の影響かもしれない。我が国では、そのようにすることは求められていない。宣誓書をしっかり読み上げればいいのだ。

その文言は、刑事訴訟規則一一八条二項に規定されている。宣誓書には、「良心に従って、真実を述べ、何事も隠さず、偽りを述べないことを誓います」と書かれている。それに名前を書き、印を押さなければならない。ハンコがなければ、指印でもよい。

星新一さんの本に、「裁判所で芸者が印を押せと言われ、忘れたと答えた。拇印でもと言われ、意味を知らず、そのボインも忘れてきて」と言ったという話が載っている(『夜明けあと』新潮社)。ボインについては、ある謹厳な裁判長が女性の証人にさかんに拇印、拇印を押すのですと繰り返した。その証人がまさにそうだったので、陪席裁判官が笑いをこらえるのに大変だったという実話がある。いささか品のない話で、真面目な読者の方に怒られそうである。

この宣誓については、忘れがたい作品がある。『フライド・グリーン・トマト』(ジョン・アヴネット監督、一九九一年)というアメリカ映画である。題名になったのは、青いトマトをスライスして揚げたアメリカ南部の料理のことである。あまり美味しそうな感じはしないが、それを売り物にしたアラバマの小さな町の食堂を舞台とした物語である。

内容は、大変深刻なものだ。ある夜、白人の差別主義者が殺されてしまう。その犯人として、黒人の男が起訴される。公判では牧師が証言台に立ち、その晩、被告人は、教会の催し物に出ていたという明確なアリバイ証言をする。牧師様の証言であるから、直ちに、被告人は無罪放免となった。しかし、本当は、被告人は犯人ではないが、その妻がフライパンで男を殴打した現場にはいたのである。牧師は、それを知りながら偽証をしたことになる。ところが、宣誓の場面で、書記官から聖書に手を置いて宣誓して下さいと求められた牧師は、それなら私のものがありますからと言って、持参した本に手を置いて宣誓をしたのである。その本は、実は、『白鯨(モビイ・ディック)』だった。宣誓は無効だから、偽証罪に問えないというわけだ。『白鯨』は、反カトリシズムの本とも言われるから、これは素晴らしい皮肉であろう。

韓国のロースクールの学生が五、六名、先生に引率されて、私が教えている大学の授業参観に来たことがある。せっかくなので、何か彼・彼女らにも参加できることはないかと思案し、ちょうど証人尋問を扱う授業だったので、宣誓書を朗読してもらうことにした。日本語のものと最高裁が作成している韓国語版とを用意して、それぞれ読んでもらった。うちの学生は、恥ずかしそうに、いささか頼りなげに宣誓した。これに対して、韓国の学生(男性)は、実に堂々として見事な宣誓をしたのでびっくりした。あるいは、彼も、兵役を経て、根性が入っているのかもしれないと思ったりしたものだ。

宣誓をしたうえで偽証をすると偽証罪に問われる。我が国では、この偽証罪の起訴が極めて少ない。「検察の在り方検討会議」の委員として韓国視察に行ったとき、同国の検察官が、二〇〇七年に偽証罪で有罪になった人数は一五四四人であると、大変恥じていた。これに対して、我が国のそれは九人であった。学生にこの数の予想を聞くと、千人台の答えが出る。まさか、こんなに少ないとは思ってもいない。

これは、何を意味するのか？　我が国の国民は、清廉潔白で偽証などしないからであろうか？　たしかに、そのような面もあるのかもしれないが、検察が、よっぽど明らかでない限り、起訴を控えているからだと思う。民事訴訟では、同じ事実について全く反対の証言がされることもままある。ということは、どちらかが嘘を言っていることになる。潜在的には、相当数の偽証が行われているとみてよいであろう。さすがに、刑事では、検察のチェックが入るから、それほどの偽証はないと思いたいが、それでも、私の控訴審の法廷での証言が偽証罪に問われ、起訴された例は三件、四名に上る。これ自体異例の数字である。

それに、検察は、警察官の偽証をまず起訴しない。私が経験した少なくない事件で、判決の認定からして、証人となった警察官が偽証していることがかなり明らかなケースもある。そうであれば、裁判官自身が告発すればよいのかもしれないが、それもしない。警察官の偽証は、闇から闇へ葬られるのである。裁判員裁判の法廷での偽証については、検察も十分注意して、場合によっては起訴に踏み切る方針になったといわれる。偽証は、裁判官裁判でもあってはならないことであるが、裁判員を欺くような行為は厳罰に処すべきであろう。偽証は、裁判の公平を基本的に害するものであるから、その防止に努める必要は大きい。

MOBY
MOBY DICK

# 訓戒は無意味なのか

被告人の更生は、刑事裁判の大きな目標である。量刑も本人の立ち直りに役立つものでなければならない。裁判官も量刑を決め、それを言い渡すまでは、真剣にこの被告人の更生はどうなるのかということを考える。しかし、いったん、裁判が終わると次の事件の処理に関心が移って、その被告人のことを忘れてしまう。

この点は、戦前のほうがむしろ啓《ひら》けていたようだ。三宅正太郎《まさたろう》(この読みは、泉徳治《とくじ》元最高裁判所判事の御教示による)判事の著名な『裁判の書』(一九四二年)でも、判事が刑務所を訪れて自分の裁判した被告人と面接することを勧めている。刑の執行について判事が心を配ることは、判事の義務とか法規の精神という話ではなく、「もし、その裁判官が被告人に対して、被告人をよくしようという熱意と真心とがあるならば、やるなと言ってもやらざるをえないことなのである」とし、「裁判は判事の心が裁判するのだという原則を貫くならば、問題は心の問題で、理論の問題ではないからである」という美しい言葉で、同書を終えている。

ちなみに、三宅判事は、自分が死刑を言い渡した被告人を刑務所に訪れ、暗くなって顔が見えなくなるまで二人で四方山《よもやま》話をしたという。現代社会では、このようなことをする裁判官はいないと言ってよいであろう。ただ、裁判官は、刑事施設を巡視することができる(刑事収容施設及び被収容者等の処遇に関する法律一一条)。これは、監獄法の規定を引き継いだものである。私もこの規定により何度か刑務所を訪ねたことがある。自分が言い渡した被告人と面会するためではなく、刑務所を知るためである。これは、ためになった。たとえば、そこでの食事を食べさせてもらったこともあるが、予想以上に美味しかったのに驚いたこともある。

裁判員の方々も被告人の更生に関心が深く、刑務所での生活がどうなっているのか裁判官に尋ねることもよくあるようだ。臭い飯を食うと言いますが、本当ですかといった質問だろう。これに対して、書物による知識だけでは説得力がおよそない。食べてみなければ、わからないことなのである。そういうこともあって、現在では、裁判官も被告人の処遇等に深く関心をもつべきだとされ、その意味で巡視も奨励されていると聞く。良いことだと思う。それだけで、わかったつもりになってもいけないが、百聞は一見にしかずともいえよう。

ところで、刑事裁判では、判決の言渡しの後に訓戒をすることができる。「その将来について適当な訓戒」をすることができるのである(刑事訴訟規則二二一条)。この訓戒をするかしないかは、裁判官の自由である。入念にする人もまったくしない人もいる。さまざまである。

私も若いころは、一生懸命、訓戒をした。少しでも被告人の更生に役立ちたいからだ。しかし、途中から、訓戒をしなくなった。いくら、訓戒をしても、犯罪を繰り返す人間は、また繰り返すのである。訓戒など無意味で裁判官の自己満足にすぎないと思うようになった。またしかに、自分の訓戒に酔ってしまっては、感銘を与える力もないのである。そうした時期がかなり続いた。しかし、考えを改めた。

自分は、当初訓戒によって、多くの被告人の再犯を防止できればと思っていた。それが無駄だと感じてやめたのである。しかし、一〇〇人の被告人のうち、たった一人でも、再犯を思いとどまったとしたら、それはそれで、大きな価値があるのではないか。何かきっかけになる事件があったわけではないが、ふと悟ったのである。

やはり、若いころは気負っていたのであろう。考え直してから、訓戒も味が出るようになったと自賛しているが、聞いている被告人は、どう感じているだろうか。うるさいおやじだというくらいにしか思わないかもしれない。それが現実だが、訓戒を思い出して犯罪を思いとどまる被告人もいるかもしれない。いるのも現実だと信じたいのである。

訓戒通りになった事件もある。ある傷害事件でそれほど重いものでなかったので、執行猶予にした。その訓戒で、「今日これから、後ろの傍聴席にいる、君を心配して郷里から出てきたお袋さんのところに帰るか、君の組織の兄貴分のところに帰るかが、君の人生の分かれ道だ」とさとした。

彼は、そのまま、兄貴分のところに帰り、その晩出所祝いで大酒を飲み、通行人を殴り重傷を負わせ、重い刑に服することになった。訓戒が無駄になったケースともいえるだろう。彼は、聞く耳をもっていなかったのである。その事件も私の担当となり、何か訓戒をしたようにも思うが、忘れた。バカだなくらいは言ったかもしれない。本人は何も言えず、首を垂れていた。

名画『ショーシャンクの空に』(フランク・ダラボン監督、一九九四年)のなかで、仮釈放委員会の面々に対して、長期受刑者が次のように言う。「更生というのは、国がつくった言葉だ。君たちに背広やタイや仕事を与えるために」。

被告人の更生をはかると言葉では言っても、そこには、なかなか難しい問題が伏在する。しかし、被告人の更生に関心をもたなくなったら、刑事裁判は終わりである。裁判員にはこの点で大いに期待できる。

# 周平と鬼平を糧に

　事実は小説よりも奇なりというように、現実の裁判のほうが小説より奥深い事実を語っている。時々尋ねられるが、何か推理小説を読んで事件解決のヒントを得たようなことはなかった。しかし、裁判官は、多くの文芸作品や小説を読むべきである。裁判は、事実認定にしろ、量刑にしろ、人間を対象とする。いくら勉強ができて理論に詳しくとも、人間観察の力がないと、理屈だけの薄っぺらい裁判官になってしまう。裁判官は、人生経験が豊富で社会の実情や人情に通じていることが理想であるが、現在のキャリアシステムでは、そういった人材は、なかなか入ってこない。それでも、人生経験は、裁判官に限らず、全ての法律家に必要なことである。

　私が教えたある学生は、高校時代不登校になってしまったが、そこから這い上がって、司法試験にも一発で合格した。こういう人は、不登校の問題についても深い理解をもつであろう。

身内に障がい者がいる人は、その処遇についても優れた意見をもつであろう。このように、法律家にとってさまざまな人生経験は、全て栄養になる。そして、自分では経験できないようなことも、小説を通じて感得することが可能なのである。

毎日新聞読書欄の「この三冊」というコラムで、私は、〝裁き〟と文学をテーマに、藤沢周平の『海鳴り』、『玄鳥』、『蟬しぐれ』を挙げた。この作家の作品は、右の三冊に限らず、全集を何度も読み返している。とくに、現役の裁判官時代は、大きな事件の公判の前日などは、そのどれかを静かに読むと、心が浄化され、落ち着いた心境になる。筋とか内容を追う必要もない。どんな激しい剣闘の場面でも、全体をおおう一種静寂な世界がある。それがたまらないのであり、厳しい対決が繰り広げられる法廷においても、その奥にこのような静寂を見たいという願望があるからかもしれない。

また、判決を書くときにも、その短編小説を一読すると、自分も名文が書けるような気になる。決して、そうはならないとはいえ、すがすがしい意欲が湧いてくるのも事実だ。「玄鳥」は、そのうちでも最高傑作であると確信する。全集で二〇頁足らずのものであるが、ことに最後の数行が素晴らしい。

「杢平、来年はつばめは来ないでしょうね」
「へい、今度は来ますまい」
曽根兵六も、だしぬけに巣を取り上げられたつばめのようだと路は思った。生死いずれにしろ、兵六にはもはや二度と会うことがないだろうとも思った。

筋を知らなくとも、この数行で私の言う人生の静寂を感じることができるはずだ。

私は、若い裁判官によく池波正太郎の『鬼平犯科帳』を読めと勧める。悪い奴は徹底的に懲らしめるが、可哀想な奴は救うという精神で一貫している。ここがいい。裁判官は権力をもっているのだから、可哀想だなと思ったら、量刑相場でなくとも、軽い刑や執行猶予にすればよいのである。検察官の控訴を恐れるべきではない。

私も、何件か再度の執行猶予にしたことがある。再度の執行猶予とは、執行猶予中に再び犯罪を犯した場合のことで、ほとんどが実刑になるのが普通である。「情状に特に酌量すべきものがあるとき」(刑法二五条二項)に限って、もう一度執行猶予にすることができる。一度、執行猶予になっているのだから、再度の執行猶予は、本来、むずかしい。検察官が控訴すれば、ほとんど、ひっくり返る。破棄されて実刑になるのである。その覚悟で再度の執行猶予にするのだが、幸い、私の場合、控訴されたことがない。

こんなケースがあった。覚せい剤を常用していて検挙され、執行猶予となった被告人を案じた家族が警察に相談したところ、物が出てこなければ、対応できないという。そこで、被告人の様子を注意していた母親が、寝ている彼の結んでいた手をそっと開くと、覚せい剤が出てきた。母親は警察に通報し、息子は再び逮捕された。そして、裁判になったが、家族一同もう一度チャンスを与えて欲しいと法廷で嘆願した。親としてみれば、逮捕され法廷に連れ出された息子の姿をみて、警察に訴えなければよかったと思ったのであろう。

また執行猶予にしても、すぐに覚せい剤に手を出し、結局は、二つの執行猶予が取り消されて、合計で四年も五年も刑に服することになるのではないかと悩んだが、再度の執行猶予にした。この判断が良かったか今でも気になっている。刑は、甘ければよいというものでもない。しかし、発覚の経緯からして、まだ、被告人にはそれを案ずる家族がいるだけ、ましであり、母親の思いにもう一度こたえようと考えたのである。このときも、『鬼平犯科帳』が心に浮かんだ。検察官も感じるところがあったのか、あえて、控訴をしなかった。

人に本を勧めるのも相手にとって迷惑なことが多い。自分の経験でもそうだ。しかし、読書一般は、裁判官にとって不可欠な心の糧《かて》である。

## 人定質問は最初のボタン

人定質問《じんていしつもん》というのは、その文字のとおり、刑事裁判の最初に被告人の氏名、生年月日、本籍、住居、職業を起訴状の記載に基づき確認する手続である。この記載から、どういう人なのかイメージをつかもうとする。もちろん、実際に第一回公判期日に法廷に登場する被告人その人の雰囲気を、名前等から予断することはできない。

起訴状には、性別は記載されていない。これは昔からの慣行であり、法律も要求していない。ある強姦事件で、被告人の名前から当然、男性と思い込んで法廷に臨んだところ、被告人席に女性が立っていたのでたまげてしまった。女性の被告人が男性と共謀して強姦をしたという事案であった。それなら、女性でも強姦事件の被告人になりうるわけだ。このごろは、男性の名前と同じような女性の名前が結構ある。学生にも多く、最初に名簿でよく確認しておかないといけない。以前、論文の抜き刷りをよく送ってこられた人を男性と思い込んで礼状を送っていた。あるとき、「貴君の論文は、」と書いたところ、ご返事で丁重に自分は女性であると述べてこられたのには、全く、恐縮してしまった。面識がなかったのである。

被告人にも、いろいろ、面白い名前がある。本名ではないが、「佐々木史朗」という名前を名乗った窃盗常習犯がいた。自分を裁いた裁判官の名前が気に入ったからだという。佐々木史朗さんは、もう亡くなられたが、著名な刑事裁判官であられた。罪を悔い改めることなく、名前だけ拝借して次回を期するとは、とんでもない被告人だが、世の中には面白い男もいるものだ。物だけではなく、名前も盗んだのである。

名前といえば、オランダには、バーカ裁判官、ワル裁判官、モーイヤ裁判官がいると聞いたことがある。真偽は不明である。名古屋にいたときに、「可知鴻平《かちこうへい》」所長、「知識融治《ちしきゆうじ》」判事、「京秀治郎《みやこひでじろう》」検事がおられた。私は、日本の法曹三大美名だと思うがどうであろう？　なお、名古屋では、誰もが名判事、名検事である。名城や名駅のように。名古屋には「判司」さんという書記官もいた。そこで、わざと、法廷で彼を「はんじさん」と呼んで、傍聴人をからかったこともあった。「判事さん」は、「判持参」だという一口話もある。ベトナム人の被告人に「ファンバンカン」という名前の者がいた。裁判官に音が似ているので笑った。

次に、年齢である。起訴状には、生年月日が書かれている。西暦ではなく、元号記載である。女性の被告人で、年齢を当年ではなくまさに十年取って一〇歳サバを読んだ者がいた。芸能人だったので、傍聴席の手前、いまさら、本当の年齢を言いにくかったのかもしれない。女性に年齢と体重を聞くのは禁物である。もっとも、体重を聞く非礼を犯す男はいまい。女性証人の年齢を確認したところ、「そんなこと私に言わせるのですか」とすごまれた裁判官もいる。証人の宣誓書の年齢欄に、裁判所らしく、「〇〇歳」ではなく「〇〇年」と記載されていたので、そこに「とり」と書いた証人がいた。ほほえましいことだ。今では、「〇〇歳」とわかりやすく書かれている。女性に年を聞くのが憚《はばか》られるとき、この干支で聞くのは賢明である。アメリカにいたとき、韓国の女性に英語で干支を尋ねていたら、それを聞いていたアメリカ人が不思議そうな顔をしていた。「私はサルです」とか、「僕はトリです」と言っているのだから、変な人たちだと思ったことであろう。説明すると、"You are so smart!" といたく感心していた。

人定質問の際に、起訴状に住居不定、職業無職と書いている場合にそのまま聞くと、反感を示す被告人もいる。そこで、私は、住居は今どうなっている、とか職業は今どうなっている、と聞くことにしていた。そうすると、被告人もこれまでのいきさつを述べ、結局、住居不定、無職なのであるが、自分がこうなったことを振り返って神妙な気持ちになる。本籍もそうである。私の知らないようなところは、そこへはどうやって行くのかを聞く。列車でどこどこで降り、そこからバスで山の中に入り、その村にたどり着くという。そうすることで、その郷里を思い起こし、そこを出てからいいことはなかったなとしみじみ思う者もいる。

このことは、すでに『逆転無罪の事実認定』(勁草書房)にも書いたし、若い判事補や学生にも話してきた。多くの共感を得たと思うが、このやり方をまねてもうまくいかないこともあるだろう。要は、相手によるのである。そこを見極めないと、良いアドバイスが逆の効果を生むことにもなる。ここでいいたいのは、常に工夫や配慮を考えることである。人定質問を単なる手続と思うと大事なことを失う。聞き方によっては、相手の無用な反感も買いかねない。何も、そこまで被告人に気兼ねすることはないだろうと思うかもしれないが、最初のボタンを掛け違うと物事が悪い方向へ落ち込んでいくことは、裁判も世事も同じである。裁判官という仕事はそれだけ慎重を要するのである。

# 被告人からの手紙

裁判官の一番欠けたところは、世情と人情に疎《うと》いことだろう。しかし、これが一番大事なことかもしれない。いくら立派な判決文を書けても、これに疎ければ、本当に良い判断とはいえないだろう。

山田洋次監督の「男はつらいよ」シリーズのなかに、平田満《みつる》が司法試験受験の苦学生(酒田民夫)を演じているものがある(『寅次郎恋愛塾』)。寅さんが遠山の金さんの話をしたところ、それが誰だかわからなくて、「遠山さんといいますとどこの?」と聞き返す。寅さんは、「裁判官になるという男があんな偉い男を知らないのか?」とあきれ返る。遠山の金さんを知らない裁判官がいるとは思わないが、この驚きは核心をついている。これに類したことは、裁判官時代、折にふれ感じたところだ。

そもそも、寅さんに関心をもたない裁判官も多いであろう。映画や小説は趣味の問題であり、誰にも好き嫌いがあるから、自分が好きな映画を観ていないからといって、文句をいう筋合いはない。しかし、寅さんは、観ておいて欲しい。寅さん映画は、まさに、人情とは何かを語っているからだ。

監督が裁判所の広報誌『司法の窓』(二〇〇三年一〇月号)のなかで、こんな話をされている。満州から引き揚げてきて、貧乏であったため、中学生なのにちくわやかまぼこを仕入れて店に卸して歩いていた。あるとき、売れ残ってしまい困っていたら、屋台のおばさんがみんな引き取ってくれ、これからもいつでもそうしてあげると言ってくれて、涙がぽろぽろ出たという。これが、寅さん映画の原点だろう。

このインタビューで、上記の『恋愛塾』は、取り上げられていないのが少し残念だ。映画では、「いやしくも、人の生命と自由と財産を守るべき裁判官と弁護士は、豊かな教養とのびやかな精神の持ち主でなければならない」と酒田の口を通じて語られている。そこに監督の司法に対する見方が示されているような気がする。

裁判の世界でも、たとえば、大岡越前守の名裁きとして、どちらが実の母親かを子の腕を引っ張らせて決めたというのがある。実の親は、痛がって泣く実の子の手を離した。これは、実際にあった話ではないが、少なくとも、世間は、そのような人情にかなった裁きを期待しているのであろう。実は、裁判官は、そういう判断が苦手なのである。どうしても、規則・法律を盾に人情に反したことを平気で行う。

ある裁判で、法廷に被告人の両親、親戚、学校の先生ら多数が傍聴に来ていた。弁護人は、その全部を情状証人として調べてほしいと申し立てた。普通は両親かその一方を調べるだけで、一〇人近い人を調べることはない。しかし、遠い被告人の郷里から、一族あげて上京し、被告人の身を案じるその姿を見て、気が変わった。

全員、人定質問のうえ、正式に宣誓させて証人として聞くのではなく、その場で一人ひとり立って気持ちを簡潔に述べてもらった。さまざまな思いが語られた。そうするのが人情にかなうと思ったからだ。このようなことは、違法である。少し難しくいえば、自由な証明でも適正な手続をとらなければならない。しかし、それで却下してすむのだろうかと心のなかで反問した。

こんな話もある。六〇代の兄弟が親の遺産相続をめぐって争っていた。今日も長引くだろうと思っていたら、突然、和解が成立して長年の係争が一挙に解決した。実は、その日は、亡くなった父親の命日であり、しかもその前の期日が、母親の命日だったというのだ。これは、偶然だったと当該裁判官はいうが、ひょっとすると意識的に期日を入れたのかもしれない。そうであれば、なかなか味のある訴訟指揮だと思う。

被告人の妻を情状証人として調べたときのことである。彼女は、被告人のためによかれといろいろなことを語った。そして、証人尋問を終える段階になり、ふと、誰も尋ねていないある事柄に気づいた。彼女に、被告人が刑を終えて出所するときまで被告人を待つかと尋ねると、彼女は、待つとはっきりと証言した。

証人尋問後、被告人から手紙がきた。自分は、何度も妻と接見したが、裁判長が尋ねた最後の質問が恐ろしくてどうしてもできなかった、それを聞いていただき、妻が待つと言ってくれた、感謝するというものであった。こういう被告人は、必ず妻の力で立ち直ると感じた。

もっとも、妻が待たないと答えたら、被告人には地獄であったろう。あまり考えずに尋問するものではないと反省もした。これは、まさに山田監督の映画『幸福の黄色いハンカチ』の世界なのである。主人公の高倉健が出所し、夕張の家に帰る。妻役の倍賞千恵子が待っていれば、黄色いハンカチを掲げてくれと手紙で頼んだ。期待と不安で家の見えるところまでくると、何と一枚どころか無数と感じる数の黄色いハンカチが青空にたなびいていた。実に美しい場面だ。

実は、刑事裁判は、人情にかかわる話が多い。それを杓子定規に法律に当てはめるだけでは、良い裁判はできない。

## 最後まで迷うとき

裁判にもミスはつきものである。

裁判こそ最も厳格でなければならず、ミスは許されない。裁判官もそう思っているし、国民の方もそう信じている。そこで、ミスがでるとマスコミでも大きく取り上げられる。「裁判官は弁明せず」とも言う。ミスはミスであるから、それを犯した裁判官も申し開きの余地がない。

私も長い裁判官生活で大きなミスをしたことがある。それは、判決の主文で未決勾留日数の算入を間違え、実際よりも多い日数を刑に算入してしまったのである。未決勾留日数というのは、有罪・無罪がまだ決まらない裁判言渡しまでに勾留されていた日数をいう。刑を言い渡すときに、その全部ないし一部を刑に算入するのは、実質的に身柄を拘束されていたことを考慮して、刑の先取りとして取り扱うべきだからである。

たとえば、「被告人を懲役二年に処する。未決勾留日数中〇〇日をその刑に算入する。」と判示する。未決勾留日数が一〇〇日あったとすれば、裁量で、その一部である六〇日を算入する。全部を算入する人もいるが、多くは、審理に要したと思われる日数を概算で控除して、残りを算入する。そこで、未決勾留日数が一〇〇日しかないのに、一二〇日算入したとすれば、明らかなミスとなる。検察官が上訴して上訴審で適切な日数に改める。

ない日数を算入することなどどうして起こるのか、と疑問に思われるであろう。日数自体の計算間違いもあるが、多くは、残刑執行や労役場留置の単純な見落としによる。仮釈放中に罪を犯すと仮釈放が取り消され、残刑が執行される。罰金を完納することができないときには、労役場に留置される。この期間は、いずれも、未決勾留日数には含まれない。またこの措置は、未決として勾留された機会を利用して行われることが多い。もちろん、措置が取られたことは、終了後速やかに、裁判所に通知書として報告される。記録には、その通知書が綴り込まれるのであるが、それを忘れるのである。

私のミスも残刑執行の見落としであった。東京高裁の左陪席で、その事件の主任であった。裁判長の言渡し後、部屋に三人で戻ったところに立会いの検察官が血相を変えて飛び込んできて、この事実を告げた。そのときの光景は、今でも忘れられない。ショックであった。もちろん、検察官に上告してもらい最高裁判所で是正されるのであるが、あってはならないミスなのである。新聞記者が法廷にいれば、まず、報道されるであろう。いくら、悔やんでも、ミスはミスである。

しかし、このとき深く感銘したのは、それを知った裁判長の態度である。すこしもあわてることなく、また、ひたすら謝る私を非難することもなく、まさに、泰然とされていた。自分にはとてもできないことだと痛感するとともに、申し訳ないことをしたという思いで一杯になった。こういうときにこそ、人間の大きさが見えるのである。

裁判所が未決勾留日数の算入を誤ると、立会検察官も大変である。直ちに訂正を申し立てなければならず、それを怠ると厳しく上司に叱責される。言渡しが終わるまでに是正すればよいと解されているから、言渡しが終わってしまうと、もう正式に上訴するしか是正の方法はないのである。この出来事以来、同じミスを絶対に繰り返さないことを心に誓った。

被告人の服装にも気を付けるようになった。未決であれば、法廷には、私服で来る。それが、受刑服になったときは、直ちに事情を聴く。受刑服だからといって常に残刑の執行を受けているとは限らない。私服で出られない事情があり、受刑服で来ることもある。しかし、こういうところにも常に細かく気を配ることが大事である。人間はミスを犯す生き物であるが、一度ならず、二度同じミスを犯すとなると、もはや許されない。プロとして恥である。若い時のこのミスのおかげで、その後大過なく裁判官生活を送ることができたとすらいえる。

裁判官のよく犯すミスとしては、先に取り上げた再度の執行猶予もある。この場合、執行猶予の対象となる刑は、懲役一年を超えることができない。再度の執行猶予にすべきか否か悩むときは、そうする以上、刑は、それなりに重くしなければと考えてしまうので、一年を超える刑を言い渡してしまうというミスが起こる。

たとえば、求刑懲役二年の場合、再度の執行猶予にするのだから、刑は、懲役一年六月くらいは当然とつい考えてしまう。このようなミスを防ぐ意味もあって、実刑か執行猶予か迷うときは、二つの主文を用意して法廷に臨む。迷うときは、最後まで迷う。法廷のドアのノブを握ったときに決断ができることもある。そういう場面で、いわば、アドリブで言い渡すのは極めて危険なのである。そして、迷うときは、最後は、被告人に有利なほうを選ぶことにしている。ここまで悩ませたのだから、今回は寛大にしようと考えるのである。それがわかっているなら、悩むことはないだろうといわれるかもしれない。たしかに、悩むこと自体を楽しんでいるところはあるかもしれない。それに、先輩からは、「一度は被告人に騙されてみろ」と教わった。

# 裁判所と外国語

いま世の中では、英語が話せないと仕事にならないという。会社内でも英語を話すことが求められるところもまれではないらしい。小さいころからの英語教育も実に盛んになっている。

先日、ネットで見たが、英語の中間テストの問題で、「次の英文を過去の文にしなさい。I live in Tokyo」の答えとして、「I live in Edo」という中学生の実際の答案が載っていた。これは、×がかわいそうだ。

ところで、我が国で英語を使ってはいけないところがある。しかも、法律で禁じられているのである。それは、裁判所である。裁判所法という裁判所の組織等に関する基本法がある。その七四条に「裁判所では、日本語を用いる。」と短くかつ厳《おごそ》かに規定されている。

私のように団塊の世代直前の戦時中に生まれた者は、一般に英語には苦しめられたものだ。

受験英語は、英文法と英文解釈が中心であり、英会話などなかった。英文法のことを肉感美女と同じグラマーとなぜいうのか、疑問に思ったくらいである。中・高でもそうであった。中学の英語の先生が、英語担当ということで、学校視察に来た駐留軍の将校に説明役として駆り出されていたが、全く通じないのを見て、ショックを受けたものだ。京都大学を受験した一回り上の先輩裁判官から、英文和訳で「空飛ぶカーペット」に関する文章が出てきたが、どうしてもこの「カーペット」の意味がわからず、何が空を飛んでいるか不明なまま答案を書いたという話を聞いた。それでも、無事、合格された。

こういう世代だから、裁判所は、本当にありがたい職場だった。被告人も証人も英語を使う人の場合は、全部、通訳が付く。むしろ、英語を使う事件は少なく、その他の言語が多い。通訳人を探すこと自体が困難な言語もある。場合によると、二重通訳になる。こうなると、伝言ゲームみたいで、はなはだ心もとない。英語だと、わかる部分もあるので、気になる。ペルシャ語だと馴染みがないのでかえって気が楽である。じっとペルシャ語を聞いていると実に美しい言葉だと思う。この言葉でシェヘラザード姫の物語を聞いてみたいものだと法廷で妄想した。証人が長々と話しているのに、通訳人があまりに短い言葉で通訳すると、不信感をもつ。しかし、文句も言えない。何しろこちらは何のことだかわからないからである。

しかし、通訳人のレベルアップは是非必要なことで、近頃は、素晴らしい通訳人も少なくない。その一人であった人が法科大学院の私のクラスの学生になり、無事、修習生になっている。その人は三カ国語が堪能で、TOEFLも満点だったことがあるという。すごい時代になったものである。

さて、こういう世代の私にとって忘れ難い英語の試験がある。法務省に出向して二年目の一九七四(昭和四九)年のことであるが、若手行政官を対象とした人事院行政官短期在外研修員の第一期生にノミネイトされ、上智大学で英会話の力を試す試験を外国人の教授から受けた。対象者全員である。私の最終評価は、驚くべきことに「語学研修不要」で、英語になんら不自由がないレベルだという。たしか、今でも活躍されている元外務審議官の田中均《ひとし》氏と私だけだったと思う。これに備えて英会話学校に一生懸命通ったとはいえ、とうてい、そのレベルではないことは明らかであった。

したがって、その試験で、その外国人の先生がディクテイションのための文章を読み始めたとき、ほぼ、諦めていた。ろくにできるはずはないのである。ところが、驚いたことに、先生の読むその文章は、私が大学時代懸命に覚え込んだケネディ大統領の就任演説だった。私は、ケネディ大統領にあこがれ、その文章を当時の赤い薄っぺらいソノシート(といっても若い人には通じないかもしれない)で覚えたのである。ご承知のように、この就任演説は、名文の誉《ほま》れが高く、極めて格調の高いものであった。おそらく、先生は、日本人の若手官僚のなかにそれをそらんじている者がいるとは思わなかったのであろう。しかし、いたのである。

その後すぐに先生と直接対話する試験があった。私がろくに話せないと、先生は、いいからいいから緊張するなと実に好意的で、他の人は三〇分ほどみっちり絞られていたのにあっさり終わり、私も怪訝な気持ちだった。てっきり、落ちたとすら思った。先生は、おそらく、私の答案を見て、感心したのであろう。あの名文をほぼ全文聞き取って書いたとなれば、平均的アメリカ人以上の英語力ということになる。ひょっとしたら、全文暗記していたのではなどと考えないところが、アメリカ人らしい人の良さであろう。

私はこうしてアメリカの司法省に半年間調査研究に行った。他の各省の人たちは、みんな語学研修仲間で、私だけ何者だということになって、寂しい思いもした。私と一緒に行った同期の検事も、「研修不要」人間の実際の英語力にあきれたことであろう。あのケネディ大統領の御嬢さんが駐日大使だと思うと、一種の懐かしさから、この極めて個人的な思い出を書いた次第である。

# 第二章　判事の仕事

## ——その常識・非常識

## 紅茶を出されたら……

裁判官になぜなったのですかとよく学生から聞かれる。私の場合、身内や親戚に裁判官はもとより法律家がいない。修習生のときに、裁判所の実務修習で裁判官の仕事ぶりや人柄に接して、これは良い社会だと感じたことが一番の動機だ。

法科大学院制度のもとでは、学生の段階から、教官として現職の裁判官や私のような元裁判官と接するので、この点で具体的なイメージがわきやすい。だが、普通の人にとっては、裁判官というと、どうしても、霞でも食べているような印象があるのではないか。また桂文珍師匠が、「できるだけ生涯会いたくない人」と言っていたのはもっともである。私もそうであった。しかし、修習で見ていると、裁判官というのは、冗談もいえば、面白い話もしてくれる。明るい人柄の人も多くて、少しもほかの社会の人と変わらない。それだけ、偏見が強いといえる。

以前、加藤剛さんが裁判官役のテレビドラマを観ていると、豪邸に住んでいる設定でびっくりしたことがある。これも裁判官のイメージの一つなのかもしれない。実際は、ほとんどが官舎住まいである。

ところで、裁判官になって、これは普通の社会とは違うなと思ったのは、裁判の公正さに対する神経質なまでの注意である。

私が新任判事補のとき、検証や証人尋問で現地に行った際、お茶を出されたら飲んで良いが、紅茶はだめだと先輩から教わった。この謎解きを法曹倫理の授業で学生に出しても、誰も答えられない。その理由は、紅茶の場合、後にアルコールが入れられていた、つまり、裁判官が酒を飲んでいた、というような話になるおそれがあるからだ。お茶にアルコールを入れたとはいわれはしないが、場合によって、お茶も断るべきとされている。

このことで私には忘れられない出来事がある。新任判事補時代のたしか二年目だったと思うが、犯行時少年の強盗殺人事件の出張尋問を命じられて、書記官とともに冬の東北の寒村に出かけた。こんな大きな事件の出張を、よくなりたての判事補に任せたものだと今でも不思議に思うが、一つの教育的な配慮だったのであろう。一九七〇年前後の当時でも、このような貧しい村が存在するのかと思ったほど辺鄙《へんぴ》な地の、さらに外れのあぜ道を歩きつづけ、ようやく被告人の実家にたどりついた。

そまつな農家に、畳の部屋はたしか一つしかなく、外から木枯らしが吹いてくると、そのまま家のなかを素通りしていくようだった。そこで彼の学校の先生や両親などからいろいろ話を聞いた。

しばらくのちに尋問が終わり、ほっとして席を立とうとしたら、隣の部屋に食事を用意しているので是非食べていってくれという。部屋をのぞいてみると、テーブルにご馳走が一杯出されており、まわりに親戚一同が深く頭をさげて私の着席を待っていた。上記のような教育をうけ、お茶はいいとしても、紅茶はだめだと思っている私はすっかり進退窮まってしまった。いかにもぎこちなくこの申し出を断り、そそくさと部屋を出ようとしたところ、皆が一斉に不満の様子を示し、しょせん裁判官は、我々の出す食事など食べてくれないのかという感じで、一種険悪なムードになった。

ところが、そのとき、一緒に行っていた老練な弁護人の方が、どうして裁判官が食事をしないのかを諄々《じゅんじゅん》と説かれた。裁判の公平のためということを実にわかりやすく説明してくれたのである。

家族の人たちは、この弁論に、一度は冷えきった心をみるみる解きほぐし、最後は、軒下に皆で並び、私たちが野良の外れに姿を消すまで、手を振ってくれた。この弁護人は、終戦後の戦犯の裁判も担当された著名な方であった。

しかし、私としては、自分自身がそのような説明を果たせなかったことを悔いる一方、なぜ、気持ちよく「よっしゃ」とばかりに食べてあげられなかったのかと自問した。貧しいなか、一生懸命、ご馳走を作ってくれた人たちの思いを考えれば、それが社会の常識であろう。じつは、一瞬、そうしたい気持ちにぐらつきかけたのも事実である。

だが、やはり弁護人がいわれたとおり、どんなに心からのもてなしであっても、ご馳走したのだから、少しでも有利な判決をしてくれるのではないかという期待が生まれる可能性も否定できない。裁判は、そのようなことで左右されるものではないということが大事である。

裁判官は、出した紅茶も飲んでいかない変な人たちだと思うかもしれないが、そこのところは、十分理解してもらいたいものだ。

## 刑事裁判官 vs. 民事裁判官

裁判官の仕事には、大きく分けると、民事裁判と刑事裁判がある。したがって、裁判官には、民事裁判官と刑事裁判官とがいることになる。いずれの裁判官になるかは、最終的には、本人の希望である。判事補を一〇年して、判事になるころには、どちらかに決まってくることが多い。もっとも、裁判員裁判の導入にあたって、優秀な民事裁判官は、和解などにたけているので、裁判員を相手にしても柔軟な対応が期待できるとして、刑事裁判官へのコンバートもあったように聞く。

だいたい、刑事裁判を希望する者は、少数で、多くは、民事裁判を希望する。最初から、刑事は絶対嫌だという人もいる。なぜ刑事が嫌われるかというと、やはり、その重圧が大変なものだからであろう。民事事件であっても、原告・被告の人生に深く関わるものは多く、決して軽いというわけではない。しかし、刑事事件は、場合によっては、被告人の生命をも奪いうる。まして、誤判があってはならない。また、検察という国家機関を一方の当事者としている。これは、なかなか手強く、気の抜けない相手である。

私からみると、民事裁判官のほうが、自由に事件を組み立て、処理できるように思える。私は、これまでほとんど刑事裁判官であって、民事をしたことはないに等しい。これは、ちっともよいことではなく、残念なことである。刑事裁判も、現在では民事紛争の知識等がないと、歯が立たない場面がある。民事の経験があれば良かったのにと思うことは、一度や二度ではない。

さて、刑事裁判官と民事裁判官は、お互いをどうみているか。おそらく、刑事裁判官は、刑事事件は事実認定が命であり、それに比べ、民事事件の事実認定はラフすぎるというであろう。これに対して、民事裁判官は、事実認定が大事だといっていても、結局、刑事裁判官は検察官の主張に乗って有罪にしているだけではないか、という厳しい見方をするであろう。有罪か無罪か、微妙な事件を有罪とする者が「優れた刑事裁判官」と評価されているのではないか、と。

最近公刊された話題作に『法服の王国』(黒木亮著、岩波現代文庫)という大変面白い本がある。かなりのフィクションも含まれているが、最高裁判所を中心とした戦後の司法の大きな流れ(それも暗部)はほぼ正確に摑んでいると思う。その中で矢口洪一・元最高裁長官とおぼしき弓《ゆ》削晃太郎《げこうたろう》が、「見てみろ。冤罪事件や死刑の再審事件があとを絶たんじゃないか。刑事（裁判官）の連中のずさんな審理のおかげで、裁判所の面目は丸つぶれだ。奴らは事件が溜まってくると、ろくな吟味もせずに検察のストーリーに乗る。そうすれば、無難な判決が書けて、一丁上がりにできるからな」という（同書下巻三〇六頁）。

矢口さんは、これほどの品のない言い方は仮にしないとしても、これに近いことをいわれているのを直接聞いたことがある。この本は、実に細かいディテイルまで書いている。この台詞も取材に基づいているものと思われる。これが、民事裁判官の本音であろう。倉田卓次さんという民事裁判の神様のような方も、「『認定に臆病』である結果、起訴事実が認められないとき、無罪判決をすることに実は『勇気』がいるのであって、この勇気のない裁判官は『有罪にして執行猶予』と妥協しようとする。（この場合、宣告を受けた被告人も、『執行猶予なら』と泣き寝入りしてしまう蓋然性がある。そういう『隠れた冤罪』の暗数が存在することを私は疑わない）」と刑事裁判に対する手厳しい見方を示している（『裁判官の戦後史』筑摩書房、一四六頁）。

長いあいだ刑事裁判官をしていた私としては、直ちに賛同するわけにはいかないが、そのような見方はたしかにある。民事裁判官は、事実認定について、割り切ったところがあり、証拠が足りなければ、それだけのことで、無罪にすればいいと考える。刑事裁判官は、微妙であると何かと悩んで検察寄りの判断にコミットする傾向がある。検察という国家機関と同じ見解に拠れば、最後まで組織として自分の事実認定をサポートしてくれるという妙な安心感があるのかもしれない(木谷明『刑事裁判のいのち』法律文化社、四六頁)。

最高裁判所は、近時、かなりの破棄無罪ないしその方向の破棄差戻しをしている。これは、新しい傾向であり、事実認定の適正化をはかるものとして極めて意義が深い。この動きの中心を担っているのは、民事裁判官である。私と同期の金築誠志《かねつきせいし》裁判官(もっとも、彼は、もともとは刑事裁判官であるが)、千葉勝美《かつみ》裁判官、それに泉徳治《とくじ》裁判官であり、もう亡くなったやはり同期の近藤崇晴《たかはる》裁判官らである。

この民事裁判官の良い意味での割り切りは、私の陪席をしてくれた裁判官にもみられるところであって、私などが無罪に踏み切れないでいると、どうして裁判長はぐずぐず考えているのかというような顔をする。証拠が足りなければ、素直に無罪にすべきなのである。それをできないのが、刑事裁判官の許されない性《さが》であり、刑事裁判が嫌われる真の原因はこのようなところにあるのかもしれない。もっとも、刑事裁判官も、一般国民である裁判員を前に、露骨な有罪志向はとれなくなったであろう。この意味でも裁判員裁判の導入は意義がある。弓削晃太郎も同じようなことをいっている。

## 実務家 vs. 研究者

裁判官から大学教授になって間もなくのころ、家内が友人から「いよいよ教授夫人ね」と言われて驚いていた。また、親しいある東大教授は、「東大教授と裁判官とでは、世間はどちらが偉いと思っているか、当然、東大教授である。それなのに、裁判官の給料のほうがずっと多いのはおかしくはないか」と真顔で言っていた。

現在、裁判官から大学に身を置く立場になって、両者を比較する意味も実益もないが、両者の違いに気付かされることもある。その一つが、時間制限に対する感覚である。

たとえば、論文の締切について、学者は、極端にいえば、締切になってから書き始める。実務家は、例外はあっても、大多数は締切を厳守するし、厳守しようとする。知り合いの編集者の何人に聞いても同じ感想を述べる。要するに、学者にとって、締切は、大した意味をもたないのではないか。論文は、その内容が重要であり、一つの作品であるから、芸術作品にも匹敵し、その内容をベストなものにするためには時間制限は無用なのであろう。

これに対して、実務家は、時間制限の中で生きている。検察官は、勾留二〇日間に起訴、不起訴を決めなければならない。検察を少しでもほめると、すぐ批判する人もいるが、この二〇日間に裁判に堪えられる資料を作成する能力はたいしたものだと思う。弁護士だってそうである。裁判所に提出すべき書類をその期限に間に合わせないわけにはいかない。そして、裁判官は、判決言渡し日までに判決を用意できなければ、失格である。そのために、大きな事件では、一夏を記録読みと判決作成に費やす。それが当然だと思っているから、判決言渡し日を延ばそうなどとはハナから考えない。期限を守ることが一つの職業倫理として、法律家になり立てのころから身に染みついているからである。

そこで、学内の会合などでも、時間どおり揃っているのは、実務家であり、実務家出身者である。学者は、五分、一〇分の遅れは、気にかけない。それはそれでたいしたことではないのだが、学生も同様に、時間に無頓着である。オフィスアワーといって、要望のあった学生に授業でわからなかったところなどを教えるカリキュラムがある。ある時、時間を指定してもなかなか来ないので、部屋の外の廊下で待っていたところ、通りがかった学生が、「先生、学生を待っているのですか。先生を待たせる学生など考えられない」といたく憤っていた。その人は、中国か韓国から来た人で、自国ではありえない光景だったのであろう。そこに、くだんの学生が、手をあげて、あたかも友達との待ち合わせに遅れたかのように、やーやーとばかりに朗らかにやってきた。それを廊下で待っている自分も情けない気持ちになったものだ。

学生はそれでもしょうがないけれども、司法試験に合格し、晴れて弁護士になって、この遅刻癖が直らないと法廷で大目玉を食う。

退官する何年か前から、法廷を平気で遅刻する若手弁護士が目立ってきたように思う。時期から見て、法科大学院出身者であろう。裁判官も検察官も身柄の被告人も揃っているのに、弁護人が来ない。裁判官や検察官はそういうことに慣れているからよいが、被告人が不安そうにしている。どうしたのだろう、このまま来なかったら、自分が不利になるのではなどと考え込んでいる。

そこへ、遅れてやってきて、例の学生よろしく、平然と席に坐る。裁判官も検察官も何か言うであろうと思っているから、弁護人をにらみつけるが、知らん顔である。遅刻など、どうということではないという法科大学院の文化をひきずっているのではないか。学生には、法廷に遅刻しそうになったら必ず事前に書記官室に連絡をすること、その間もなければ、せめて、法廷外のエレベータのところから、必死に走り、汗をふきふき、申し訳ありませんと言ってから席につけと教えている。こうすると、待たされたほうも、時間厳守といっても、どうしようもない事情もあるだろうと善解する。このぐらいの芝居はして欲しいところだ。

翻《ひるがえ》ってみれば、このような教育は法科大学院からたたき込まなければならない。法科大学院生でも社会経験のある人(いわゆる未修コースの人)は、この点、しっかりしていて安心である。平気で先生を待たせることはない。社会の中で目上の者や顧客を待たせるわけにはいかないことを骨の髄まで教育されてきたと思う。これに対して、法学部を卒業してすぐに法科大学院に入った人(いわゆる既修コースの人)は、学生気分が抜けず、しかも学者先生の態度からしても学んでいないといわざるをえない。しかし、そんなことまで法科大学院で教えなければならないのだろうか。

# 一〇万丁事件——裁判は記録あってこそ

裁判官をしている四〇年近くの間、最も心掛けたことは、被告人の人権の保障でも適正な裁判の実現でもない。それは、記録を紛失しないことである。記録あっての裁判であり、人権の保障も適正な裁判もその前提に立っている。

これを聞いて、何と情けない、志のない裁判官かと嘆かれよう。それは、書記官の仕事ではないか。たしかに、保管の責任は書記官にあり、裁判官が紛失しても書記官が責任を問われる。しかし、修習生時代から耳たこで聞かされ、私ども裁判官は、なり立てのころから、このことには最大限の注意を払ってきた。家に持って行き、起案をするときなどは、寝る際に、枕元に風呂敷に包んでいつでも持って逃げられるようにしていた。これでは、泥棒が大事な物だと思ってかえって、盗っていく危険もあるくらいだ。部屋一杯に記録があるときなどは、戸締まりは当然のこと、出火の危険も本気でチェックしてきた。

刑事は、ときに記録が膨大になる。裁判員裁判では記録が簡素化し、これが刑事記録かと驚くほどの薄さであるが、裁判官裁判時代はもちろんのこと、非裁判員裁判の大型事件(脱税事件や経済事件等)では、その量は半端ではない。ロッカー何棹にもなる。万丁事件といって、記録が一万丁を超える事件も少なくはない。丁数でいうから、頁数では、その倍である。一〇万丁事件もやったことがある。これを全部読んで手控えをとって判決を書くのだから大変である。

昔は、二部授業ではないが、部屋がなく、同じ机を二人の別々の部の裁判官が使うので、週の半分は自宅で起案等をせざるを得なかった。これを宅調《たくちょう》という。辞書にも載っていない言葉である。そこで、裁判官は、週の半分は家で遊んでいるというような誤解をまねくが、実際は、家でも必死に仕事をしている。二部授業という言葉も団塊の世代以前の人でないと知らないであろう。生徒数が多くて、教室が足りなかったから、午前の部と午後の部に分かれていた。私は、それを間違えて午後登校して、下校途中のクラスの者と出っくわし、いたくからかわれたことがある。そういう時代であったのである。

現在では、裁判官室も整備され、部屋がない、机がないということはなくなったが、開廷日が隔日なので、自宅で起案等をすることも許されている。宅調日は、家で仕事をするといっても、昼間息抜きに散歩に出ることもあるが、官舎周辺の目には十分注意している。公務員なのに昼ぶらぶらしているという批判は常にありうる。あまりに記録が多いときは、自宅に持ってくるのも不安があるので、できるだけ裁判所で記録を読む。そこで、土曜も日曜も出勤することにもなる。夏休みも裁判所のほうが静かに仕事ができるので毎日出勤する人もいる。現在では、非開廷日にも出勤するのが普通になってきた。

記録の保管については、悲しい出来事もあった。一九五八(昭和三三)年の青森大洪水のときに、官舎にいた裁判官の妻が記録を大事に抱えて退避しようとして、そのまま水にのまれて亡くなったという。美談というよりは、哀れさを感じるエピソードである。

私もあやうく記録を紛失しそうになったことがある。先にお話しした東北の寒村への出張のときである。書記官と二人で列車に乗り、東北のある駅で列車が停車している際に、車窓からなにげなく見ていると、記録の入った書記官の大きな鞄をもってホームを歩き去ろうとしている人を発見した。書記官が降りて追いついて質《ただ》したところ、まさに、偶然そっくりの鞄が網棚の上に残っており、その人が間違えたのである。お互いに困ることだから、最終的に紛失することにはならなかったであろうが、これには驚いた。爾来《じらい》、記録はどんな場合でも網棚にはのせないという習慣がついた。

また、地方の裁判所に勤務していたときのことである。司法修習生が記録をバイクの後ろにくくりつけて帰宅していた際に、それがほどけて、ばらけた記録が大きな幹線道路に飛び散ってしまった。ところが、不幸中の幸いにも、その後ろをパトカーが走っており、散乱したものが刑事記録であったので、驚いて、みんなで車を止めて、全部回収してくれたという。拾った警察官は、自分が書いた実況見分調書だったので二度びっくりしたという。これは、おそらく、話を面白くするための虚構であろう。

現在では、電子化され、かなりの書類が復元自体可能なので、結局、何とか揃えて裁判ができるが、証拠書類は原本が最優先なので（ベストエビデンスルール）、原本がなくなって良いことは何もない。

このように裁判官の仕事は、膨大な記録に囲まれ、その保管にも、たえず、神経を使う。これは、精神衛生には極めて良くないことだ。しかし、皆、黙々とこれをこなしている。世間には、見えない部分なので、ここで強調しておきたい。

# 数学との縁

裁判所が扱う数学は四則算程度で、それ以上のものは、まず、仕事に出てこない。切った張ったの刑事裁判ではとくにそうである。裁判所では英語の使用が禁止されていることは、既に第一章で触れたとおりだが、その上、数学とも基本的に縁がないとは、ある意味、ありがたい世界だといえるだろう。しかし、これには例外がある。難しい数学や物理が出てくる事件もなかにはある。普通の裁判官の理解をはるかに超える事件である。

私が控訴審で主任として担当した新四ツ木橋事件では、座屈《ざくつ》という現象について、土木工学上の最高レベルの知識が必要であり、その理解には、博士論文のテーマに匹敵する最高の能力が必要であるといわれた。橋脚の架け替え工事で水中に桶状に打ち込まれた鉄板が工事中突然崩壊し、川の水が流れ込み、その中で工事をしていた八名の従業員が亡くなられた大事故であった。この工法の設計者らが起訴された。

事故発生が、一九六九(昭和四四)年四月一日の午後四時四〇分であり、場所も新四ツ木橋という何とも縁起の悪い数字が並ぶ事故だった。鉄板にはめられた環状の桁が座屈により破壊されたのである。座屈とは、うすい板などが圧力によって横方向に変形することだという。この座屈のプロセスは、見たこともない数式の連続で、文科系の裁判官にはお手上げだ。主任となった私は、目の前が真っ暗でどう判断すべきか途方に暮れた。いまさら、物理学の勉強を始めてもとても到達できない。私は、数学は得意であったが、物理、まさに物の道理が理解できなくて、文系になった男である。しかも、余計な話だが、当時の高校数学は、微分までで、積分がなかった。進退窮まった感があった。しかし、記録を読み込んでいくと、不思議と霧の中に一筋の水路が見えてきた。刑事裁判で求められているのは、技術的な判断そのものではなく、法律的な判断である。法律家に求められているのは、物理的に難解な現象の仕組みの理解ではなく、そのような現象が起こることが当時の科学の水準で予測できたかなのである。法律的には、予見できたかということである。これは立派な法律問題であり、裁判官にもできることだ。

結局、その事件では、第一審の無罪判決を維持した。四波の面外座屈は、この事件のために設置された事故調査委員会の調査の過程で初めて実際に発生が確認された現象であって、平均的な技術者である被告人には予測・予見ができなかったとしたのである。四波の面外座屈などという言葉自体、今になっても理解を超えている。この事件では、起訴検事も第一審の主任裁判官も物理の基礎からまさに身を粉にして勉強したという。さすがたいしたものだと感心した。

裁判の諸分野でも、たとえば、知的財産では、特許の対象となる事象自体、裁判官の理解を超えるものが多いであろう。一度、親しい同期の知財事件を扱う部の部長に、本当に理解できるのかと不躾なことを聞いたことがある。彼は、率直に、最初は何が何だかわからない状態であるが、そのうち、わかってくるようになると言っていた。上記のように法律判断と技術自体の理解とは別物だからであろう。その後も耐震強度偽装の著名事件を担当したことがある。これも一級建築士でなければ、とうてい理解できないような事象であったが、法律判断は可能であり、だからこそ有罪にできたといえるのであろう。

それに開き直れば、裁判官に合理的疑いを超えるとの心証を得させられなければ、検察官は立証を尽くしたとはいえないから、無罪にすればよいのである。最近、原子力発電所の運転差止めの仮処分をめぐって、裁判官は原子力のことはわからないのだから、専門家の意見に従うべきだという論調もみられるが、前記の観点からすれば、この見解には疑問がある。

さて、話は変わるが、同室の裁判官になぞなぞを出したことがある。対応は人さまざまである。ちらっと見ただけで関心を示さない人が一番多い。危険を察し、回避本能が働くのであろう。文科系の反応ともいえる。他方、数学が得意な人は、すぐ飛びついて考え込む。一と一と九と九とをそれぞれ足したり、掛けたり、四則算のどれを使ってもよいから、合計で十にする方法である。私は、一一九九の謎と呼んでいる。

当時中学一年生の息子は、五分で解けたと言う。実際にもそうだったのであるが、そう言ってプレッシャーを掛けることも忘れない。問題を聞くと、皆こんこんと考え込み、その後の対話はうわの空で帰宅する。そして、お一人は、午後八時ころ嬉しそうに正解を電話してきた。もうお一人は、翌日早朝に電話をくれた。まさか、一晩中考えられたとは思わないが、私の思う壺にはまったのである。ほかにも、出張先のスナックで地元の裁判官からご馳走になり、飲んでいる最中この問題を出したら、それからはひたすらに考え込み、私がもっぱらママさんのお相手をする羽目になったこともある。裁判官という人たちも本当に面白い人種である。最後に、私の好きななぞなぞをもう一つ。氷が解けると何になる？　物理的には、水になるのだが、ここは、春になると答えてほしい。

数学と裁判官などと大それた話をしながら、最後は、算数と裁判官になってしまった。

（正解は、（1＋1÷9）×9である）

## 海外留学と『桜桃の味』

裁判官は、若いうちに海外留学の経験をすることができる。私たちのころは、最高裁の指名であり、数も限られていた。同期の最優秀の者が指名されていたと思う。私の期（二一期）では、竹崎博允《たけさきひろのぶ》前最高裁長官が人事院行政官長期在外研修員として、二年間コロンビア大学に留学した。現在では、種々のルートがあり、英語力も問われることになった。

私は、第一章で書いたように、人事院行政官短期在外研修員の第一期生として、アメリカに半年行った。この海外研修は、私にとって、人生で最も楽しいものであった。もっとも、こういうと、家内から新婚旅行はどうだったのと早速詰問されそうなので、ここは、アメリカ流に、最も楽しいものの一つであったということにしよう。時期は、一九七四（昭和四九）年一二月から半年であった。ニクソン大統領がウォーターゲート事件で辞職した年である。

ワシントンの司法省にお世話になった。テーマは、コンピュータによる判例検索である。現在では一般化したが、当時の日本では導入の検討が始まったばかりで、コンピュータの容量が小さいことから判決要旨の入力だけが考えられていたが、アメリカは、NASAの大型コンピュータを利用した全文入力であり、既に、実務で一般的に利用されていた。英語が不自由な上に、日本語で聞いてもわからないコンピュータのことだったので二重の苦しみを味わった。何とか本や書類をいただいて責めをふさいだ。

いろいろ、おかしなことや楽しいことがあったが、恐ろしいこともあった。当時、ワシントンの町は治安が悪く、ニクソン大統領が法律を作って街頭に黄色いナトリウムランプを夜間点灯し、防犯を図っていた。同期の検事と一緒に映画を観に行ったが、そこでその筋をめぐって議論になり、怒った彼は、私を置いて寮に帰ってしまった。私は、最後まで映画を観たが、帰り道、人っ子一人いない街路を歩いて行くと、黄色い街灯のもとにくっきりと映る黒い影がこちらに近づいて来る。胸が高鳴り、恐怖にかられ、すれちがった瞬間、一気に走った。すると、ほぼ同時に彼も全力で走り去り、だいぶ先のところで、こちらを振り返り、ニヤッと笑った。二人とも恐ろしかったのである。

ちなみに、帰国後字幕付きでこの映画を観たが、私の説が正しかったことが確認できた。彼は、将来の検事総長と言われたが、若くして亡くなった。こんな話もともに語れる相手がいないのは、寂しい限りである。この映画は、『ゴッドファーザー PARTⅡ』(フランシス・F・コッポラ監督、一九七四年)である。ウィキペディアによれば、前作の主人公の青年時代とその地位を継いだ息子の半生を並行して描いたもので、視聴者に一部混乱をきたすことがあったという。英語力不十分の二人が議論になったのも当然だったかもしれない。

この国が別の面で恐ろしいと思ったことがほかにもある。ニューヨークのウォルドルフ・アストリアホテル(我が国の帝国ホテルのようなところ)の前をおのぼりさんよろしくカメラをぶら下げて歩いていたところ、ものすごいグラマーの金髪美女が声をかけてきた。客引きである。あまりの美人であったのでおじけづいて後ずさりした。ところが、翌日、新聞をみると、その場所で婦人警察官が売春婦に扮して、ひっかかった客を次々に逮捕していたという。おとり捜査なのである。アメリカは、おとりでもひっかかったほうが悪いという社会の共通認識があり、処罰される。実に恐ろしい社会だと思った。つかまっていたら、刑務所に入れられ、裁判官の人生はそこで終わっていたであろう。世界のどこに行っても、正しい行いをすべきである。旅の恥はかき捨てなど通用しない。

検事の彼とは、国際学生会館の同室に寄宿した。世界各国から多数の学生たちが来ていた。

行った次の日に電話番をやらされた。当番なのである。英語が下手だと言っても聞き入れてくれない。義務だからやるべきだというのだ。電話英語は、慣れないとそれなりに難しい。相手とあまり通じず、よく聞くと、誰でもいいから英語がわかるヤツと早く代わってくれと絶叫していた。金曜日の夕方でデートの誘いの電話なので相手も焦っていたのだ。慣れてくると、デート相手の名前を聞き、つなげるだけでよかった。

いろいろな経験をし、まさに、見聞が広がった。裁判官は、機会があれば、若いうちに是非、海外に留学すべきである。右の話だけでは、あきれた経験談だけのようにみえるが、実際に、多くの国の人と生活することは、めったにないチャンスである。それぞれの国のカラーがわかるし、日本に対するイメージや感覚を知ることができる。その後、法廷で多くの外国人を裁くことになったが、できるだけ、そのバックグラウンドを知ろうとした。イラン人の場合は、たとえば、『桜桃の味』(アッバス・キアロスタミ監督、一九九七年)のようなイランの名画をできるだけ観ることにした。ごく一部の見聞は、偏見そのものだという見方もあるが、知ろうとするのとそうしないとでは違うと確信する。

# 死刑の話

死刑の問題は重大である。元裁判官の木谷明さんは、死刑事件の審理を担当したことがないという。これはめずらしいことである。友人に「心がけのいい人のところには死刑事件はこないんだ」と威張ったと書かれている(『刑事裁判のいのち』法律文化社)。ちなみに、僧籍にある検事は、死刑執行に何度も立ち会わされるとも聞いた。

私は、これまで多数の死刑事件にかかわってきた。その数はかなりに及ぶ。書きたくないくらいだ。オウム事件や永山事件にもかかわった。

もちろん、その中には、控訴審で第一審の死刑判決を破棄して、無期懲役にした事件もある。この事件では、無期懲役になった被告人が上告したのでとても驚いていたら、後に本人から手紙が来て、死刑破棄を深く感謝するとともに、上告したのは不服があるからではなく、無期懲役が確定するとこれまでお世話になった人たちにお礼の手紙が自由に出せないからだとあった。

法務省に出向していたとき、死刑執行起案も担当した。死刑判決が確定すると、まずは刑事局の検事が全記録と未提出記録を調べ、確定判決に事実誤認はないか、量刑が相当か、再審事由や恩赦事由がないかなどを検討する。所要の決裁を経て、最終的に死刑相当となると、たしか、「御高裁を仰ぐ」と墨書された半紙を付けて死刑執行指揮書を法務大臣に提出していた。今はどうなっているかわからない。事務官が付いて全記録を渡され、都内の某施設に泊まって起案をしたものだ。

以前は、この内部手続の存在は秘密であったが、現在ではオープンになっている。後に検事総長になられた当時の総務課の吉永祐介参事官から、起案を徹底的に直され、感服した。まさに、仕事の鬼であった。後にも、裁判所に戻ってからこれほど直されたことはなかった。検事時代のこの死刑執行起案は貴重な経験であった。

私がかかわった死刑囚の死刑が執行されたと後日報道で知ると、心からその冥福を祈る。被害者遺族の方々からすれば、被害者の冥福こそ祈るべきで、死刑囚の冥福を祈るなどけしからんと思われるであろう。死刑の言渡しは、正当な刑罰の適用であって、国家による殺人などではないということはよくわかるが、やはり、心情としては、殺人そのものである。法律上許されるとはいっても、殺害行為に違いはない。

目の前にいる被告人の、首に脈打つ血管を絞めることになるのかと思うと、気持ちが重くなるのも事実である。言渡しの前の晩は、よく眠れないことがある。ネクタイも黒目のものにするという人もいる。そうなると、ネクタイの色で死刑かどうかわかってしまいそうであるが、それほど神経質になるのである。死刑の場合、主文の朗読を最後にまわすのが一種の慣行である。これは、最初にして、たとえば被告人が失神などしてしまうと言渡し手続が未完となるからだ。

裁判官でもこれほどプレッシャーを感じる重大な判断に、裁判員がかかわるのであるから、その精神的負担は大変なものである。はじめて刑事事件を見て、犯人なる者を見た上に死刑かどうか決めるというのは尋常のことではない。最高裁も殺人などの重大事件で遺体の写真を示す必要があるような場合には、選任手続の段階で説明して、不安を訴える候補者には辞退を認めうる旨を全国の地方裁判所に通知したという。

裁判官裁判では、死刑事件であればなおのこと、凄惨な現場の写真が証拠として検察官から提出されるのが普通であった。裁判官とはいえ、このような写真に慣れるということはなく、精神的なショックを受ける場合もある。思い出したくないという類いの写真である。裁判員では、もっと大変だ。精神的なケアの充実も必要であろう。

裁判員裁判における死刑第一号事件で裁判長が判決の言渡し後、被告人に控訴を勧めたことがマスコミ等で批判された。しかし、これもおそらく、裁判員のほうから、自分たちの判断が最後となって判決が確定するときついから、裁判長にお願いしたのではないかと思われる。自信がないからではなく、最後の最後まで慎重を期したいという裁判員の気持ちはよくわかる。報道によると、別の事件の裁判員の一人は、判決後の記者会見で、「裁判官から判決の責任は、最終的に裁判官が負うと言ってもらった。検察、弁護側双方が控訴できる仕組みも教えてもらい、多少楽になった」と述べている。

最高裁は、二〇一五年二月、裁判員裁判による死刑判決を破棄した二つの控訴審判決をいずれも維持した。死刑適用の判断は、公平、かつ、慎重でなければならないとしたのである。

死刑は、究極の刑であるから、第一審が裁判員裁判であっても、控訴審、上告審の審理を重ね、あらゆる角度から見ても、死刑しかない場合に限り、死刑を適用するということは、健全な制度のあり方だと思う。上記の裁判員の気持ちにもよく表れている。

自信たっぷりの死刑判決など本来ないのである。

## 裁判官は事件を選べるか

以前は、本職の裁判官からするとありえない法廷ドラマがテレビや映画でもよく見られた。内容は忘れたが、犯人が駅のホームで時効寸前に逮捕されるという場面、駅の大きな時計が一二時を示そうとしている。夜の一二時を過ぎると時効完成なのだ。そこで、刑事が一生懸命犯人を逮捕しようとする。そして、一二時数秒前に無事犯人逮捕で、めでたしめでたしとなった。

だが、公訴時効は、それが完成するまでに検察官が起訴状を裁判所に提出しなければならない。したがって、逮捕しただけでは、ダメなのである。

最近、木村拓哉さんが検察官役で主演している『HERO』を観ていたら、時効完成直前にちゃんと裁判所の深夜受付に起訴状を提出して受理印を押してもらい、時効完成を免れていた。

昔とは、隔世の感がある。このごろは、弁護士等のアドバイスを受けてドラマを製作しているので、先ほどのような基本的な誤りはなくなりつつある。それでも、第一回公判で裁判官のいる法壇の上に何やら記録とおぼしきものがうずたかく置かれていた。第一回公判の冒頭手続の段階では、記録は取り調べられていないから、あるはずはないのである。これは、おそらく記録がないと絵にならないと考えたのであろう。しかし、起訴状一本主義という大原則があり、裁判所には、起訴状しかきていない。予断を排除するためだ。戦後の新刑訴法で導入された基本原則の一つなのである。

これで思い出したが、裁判員裁判実施前に裁判所が主催して各地で模擬裁判がさかんに行われた。その裁判員役になった一般市民の方から、今回模擬裁判に参加して、実に裁判所というところは、非常識で驚いたという意見が出された。というのは、人を会議に呼んでおいて、起訴状謄本という紙切れだけ送ってきた。社会では、そういう場合には、論点等をまとめたペイパーをちゃんと事前に送ってくるのが常識であろうというのである。このような誤解は、実際に裁判員になれば、すぐ理解されるであろうが、やはり、世間と裁判とがこれまでほぼ無縁であったことの一つの表れであろう。

これに類する世間の誤解を感じたのは、地方裁判所の所長をしていたとき、新聞等で報道された事件について、これに不満なある社会人の方から、このような判決についてなぜ所長が同意したのかという質問を受けたことがあった。おそらく、一般社会の感覚からすれば、地方裁判所の所長は裁判の責任者であって、事前に相談も受け、決裁していると思っているのであろう。

しかし、長沼訴訟のさいに起きた平賀書簡事件を持ち出すまでもなく、所長が具体的事件について、担当裁判官から相談をされたり、事前に報告されたりすることはまったくなく、まして、判決に事前に同意することはありえないのである。そんなことをしたら、司法権の独立そのものの侵害である。

したがって、所長は、さかんに報道が行われ、注目されている事件の判決でも、事後に広報を通じて事務的に報告を受けるだけで、それまで何も知らない。その報告も担当裁判官が所長にするということはないのである。裁判官からすれば、当然と思っていることが、わかってもらっていない。これが現実なのである。

こんな誤解もある。裁判官は自分のやりたい事件を選べるのではないかというものである。裁判官は事件を選ぶことはできない。事件の配点(割り振り)は、受付順に機械的に行われる。そこに恣意が介入する余地はない。

これに対して、検察官は、基本的に上司である検事正がどの事件を誰にやらせるかを決めることができる。難しい事件は、信頼できる有能な検察官に割り当てることが専権として可能なのである。ここが裁判官とは大きく違うところだ。これも裁判の公平という観点から行われていることである。

そこで、どんなに大きな事件でも一件は一件である。起案に夏休みをすべてつぶして取り組まなければならない事件と、ごく簡単に済む事件とで件数としては同じということになる。その差は大きい。大きな事件が何件も集中したらそれこそお手上げだ。しかし、そこはよくしたもので、長い裁判官人生を通してみれば、とんとんが相場である。若い裁判官にはそう言っている。では、裁判官は、大きな事件が来るのをおそれているのかというと、そうではない。やりがいのある事件がくれば、闘志がわくのが普通であろう。もっとも、闘志を事前にもって事件に臨むこと自体は邪道である。まさに、淡々と事件を受け入れなければならない。来たものは来たでベストを尽くすのがプロとしての心構えである。

世間の誤解は、裁判員裁判により大方解消するだろうし、公民の授業の充実により若い人も正しい理解をもつようになるだろう。そうなることを期待している。

裁判所

# 背中に学ぶ

裁判官の仕事の仕方について、多くの先輩から学んだことを述べてみたい。一般の読者の方には参考にはならないと思うが、裁判官というのはこのように仕事をしているのかと少しでもわかってもらえれば、幸いである。

裁判官の仕事では記録を丹念に読む以外に、近道はない。この習慣は、若いうちから身につけないと後で困ることになる。どうしても、簡便で能率の良い記録の読み方を探そうとする。とくに若い判事補には、要領のよい記録の読み方をしようとする者が多い。しかし、記録は、隅から隅まで丁寧に読むべきなのである。便法はない。昔、東京高裁でお仕えした四ツ谷巖《いわお》判事（のちに最高裁判所判事）は、記録の一隅の数行に真実が隠されていることがあるから、記録は、一行でも疎《おろそ》かにできないとよく言われていた。そのとおりであることは、後に実感した。

また、記録は、できるだけ細かい手控えにしておくのがよい。合議で裁判長から聞かれたときに、直ちに対応できないのでは、プロとはいえない。何回かそういうことがあると、基本的な信頼を欠くことになる。最高裁判所の調査官でも同じである。御主任の裁判官からのお尋ねに答えられないのは、恥である。そのためには、いくら若いうちは記憶力があるとはいえ、多数の事件を抱えているのだから、詳しめの手控えがあると、何といっても安心である。記録をよく読み込んでいないことは、話をすれば、すぐわかる。こいつ、ダメだなと心証を形成されてしまう。

もちろん、手控えの作り方は、それぞれ工夫があり、個性があっていい。現在では、手書きではなく、パソコン入力が主流であろう。高裁長官を二カ所でつとめられた龍岡資晃《たつおかすけあき》判事から東京高裁で事件を引き継いだとき、同判事の作成された手控えを資料としていただいたが、まさに、理想的な手控えであり、それを読むだけで事件全体が把握できるものであった。手控えは、自分のためのものだから、どうしても、字が雑になったり、後で読み返してわからなくなることが多いが、端正な字で丁寧に書かれたこの手控えには、感服した。自分もまねしようとしたが、とてもできなかった。私のいわば兄貴分で裁判官人生を通じてお世話になった中山善《よし》房《ふさ》判事は、人間は、他人の良いところを学ぼうとしても、それはかなわず、悪いところばかりまねすることになると言われていた。至言だと思う。膨大な事件の場合には、手控えだけではなく、全体を一覧できるチャートを作るのも一つのアイデアである。ある事項について、誰がどう言っているのか、書証ではどうなっているのかを簡潔にメモしていく。ものによっては、畳二畳くらいの大きな図面に発展することもある。証拠の位置づけがすぐわかるという利点がある。用紙を継ぎ足していく楽しみもある。

また、上訴審の場合には、控訴趣意書や上告趣意書が提出されしだい、早急に読むことを習慣付けるとよい。記録読みは後になっても、その間、電車の中でも頭の中で検討することができる。これが大きい。記録になかなか手がつかない人は、どうしても、趣意書自体の読み込みも遅れる。遅れると段々追い込まれて、記録自体の読みも甘くなる。できない裁判官の一つのパターンである。この仕事の仕方を教えていただいたのは、香城敏麿《こうじょうとしまろ》判事である。福岡高裁長官で退官されたが、まさに、天才といえる方であった。自然科学の分野以外に、天才がいるとすれば、この方であろう。刑事法学者の平野龍一先生と並ぶ天才であった。札幌南高校の出身で、生徒会長になったとき、そのことが新聞に出たという。

起案の仕方も裁判長によって異なる。上記の四ツ谷裁判長は、私がいくら長く書いても、さらに、二、三枚追加されるし、第四章でも触れる石田穣一《じょういち》裁判長は、いくら短く書いても、さらに削られた。無駄な表現を嫌われた。「〇〇のことは言うまでもない」なら言わないことだ、「あまりにも明白」と言い切るなら、クドクドした説明は要らないというのだ。私は、同じ部でこのお二人の全くタイプの違う裁判長の左陪席として仕事をした。四ツ谷裁判長の場合は、いわば、長編大河小説を書くつもりで、石田裁判長の場合は、和歌・俳句を作るつもりで、起案にとりかかった。これが、実は、とても勉強になった。

この部では、石田判事が四ツ谷裁判長の右陪席になり起案を担当する事件もあった。どうなるかといわば面白がっていたが、なんと、石田判事は、長編大河小説的な起案をされていた。このことを言うと、逆に叱られた。裁判官は、裁判長のお好みにあわせた優れた起案ができなければならないと言うのだ。このようにして、裁判官は、自分の技量を磨いていくべきなのである。

この機会に、これまでに多くのことを学んだ先輩裁判官のお名前を感謝の気持ちを込めて挙げさせていただいた。

# 第三章　無罪判決雑感

## 「合理的な疑い」とは何か？

無罪か有罪かは、刑事裁判のもっとも重要な判断である。ことに、被告人が犯人か否かの判断が難しい。有罪とするには、「合理的な疑いを超えた証明」が必要である。どういう意味なのか？　裁判員には、たとえば、被告人が犯人であることが間違いないと確信できるかを心に問うてくださいといった説明がなされるという。

そうはいっても、わからないところがある。具体例で考えてみよう。泥棒が入ったという一一〇番通報で、警察官が被害者宅に向かったところ、門の前に人が立っており、職務質問をしたら、被害品を持っているのが発覚した。しかし、同人は、その家の前を通りかかったら、中から泥棒と思われる者が出てきて、同人に無理矢理品物を渡して逃げ去り、どうしていいのかわからないでいたら、警察官が来たと弁解した。有罪とできるだろうか？

もちろん、具体的な事件ではもっと客観的な情報もありうるから、これだけで判断するわけではない。しかし、実際にもこれに似た弁解をした被告人がいた。自動車の中に違法薬物を持っていたとして起訴された外国人が、ここで駐車していたら、犯人が走ってきて車の中に物を放り投げて逃げて行った、自分はまったく関係していない、というのである。

最高裁判例は、「合理的な疑いを超えた証明」について、「反対事実が存在する疑いを全く残さない場合をいうものではなく、抽象的な可能性としては反対事実が存在するとの疑いをいれる余地があっても、健全な社会常識に照らして、その疑いに合理性がないと一般的に判断される場合には、有罪認定を可能とする趣旨である。」と説明する。まさに、このとおりである。結局は、健全な社会常識に照らして合理的に判断しなさいということだ。そして、このような合理的な疑いが残れば、いくら主観的には犯人だと思っても、無罪としなければならないのである。まさに、「疑わしきは罰せず」である。

さて、この無罪判決をするのには、勇気がいるとしばしば言われる。だが、この言葉には抵抗がある。無罪判決をするといろいろな批判を受けることは事実である。私も、高裁時代、二〇件以上の逆転無罪判決をした。無罪判決を出すと、ブログ等で、検察官が起訴したものを無罪にするのはけしからんとか、また、やっちゃったよ原田判事とかいった心温まるコメントが多数出てくる。しかし、これはしかたがないことで、それがあるから、無罪にする勇気が出ないということでもない。

勇気がいるというのは、無罪判決を続出すると、出世に影響して、場合によれば、転勤させられたり、刑事事件から外されたりするのではないかということであろう。これも、残念ながら事実である。その意味で、無罪判決をするには勇気がいるかもしれない。しかし、裁判官が実際にそのことを慮《おもんぱか》って、無罪だと信じる事件を有罪にしているとは思えない。それは、勇気の問題ではなく、正義に反する行為そのものであり、裁判官としてそれだけで失格である。

私の経験でも、無罪という結論に至ったときは、一種の喜びを感じこそすれ、無罪にしたら出世に響くから、有罪にしようなどとは思いもしない。それでは、裁判官が犯罪者に転落することになる。この種の無罪にするには勇気がいるといった議論は、ためにするものである。実際の裁判官は、そんなやわい者ではないと信じたい。

また、無罪判決をするのは大変だとも言われる。説得力を尽くした長文が必要で、それだけでも苦労が多いというのだ。たしかに、無罪判決に筆を費やすのは徒労という感じがある。証拠がないのだから、それだけ指摘すれば、二、三行ですむはずだ。昔は、そのような無罪判決もあった。しかし、また、私の経験を述べれば、無罪判決は、楽しくてしょうがない。筆が自然と伸びるのである。すこしも、文章の長さなど気にならない。気が付いてみれば、長文となっただけで、それを目指したわけでもなく、長文を書かなければと苦しんだわけでもない。そもそも、しっかり書けないような無罪判決は、その判断自体や理由づけに問題があるからであり、考え直したほうが賢明である。無理して無罪にする義理はないのである。

もっとも、なぜ、第一審の裁判官が無罪判決の理由に力を入れるかといえば、検察官の控訴に備えて控訴審の審査に堪えられるものとしようとするからであろう。無罪判決に対する控訴が認められなければ、その心配もないが、最高裁も検事控訴を合憲としている。そうなると、無罪判決に対して検察官が上訴できないような判決文を書くのが理想である。木谷明さんは、数多く無罪判決を出されたが、一件を除き、控訴されていないという。控訴されたその事件も控訴審で維持され、無罪が確定している。その意味で詳細で説得力がある無罪判決を目指すのもうなずける。しかし、問題は、判決の書き方ではない。その事件の実体であり、審理のやり方である。審理を尽くし、事件の実体を明らかにすれば、検察官も手が出せない無罪判決に到達するのである。

## 裁判官 vs. 新聞記者

裁判官と新聞記者とは、その基本的スタンスが異なっている。裁判官は、権力機関であり、新聞記者は、権力を批判する立場にある。その意味では、相いれない間柄というべきである。見た目のタイプも、静対動といえる。

しかし、大きな共通点がある。それは、事実を追求し、それを前提として判断する点である。事実の確定を出発点に、裁判官は判決し、新聞記者は批判をする。その手法は、裁判官の場合、取調べられた証拠により、新聞記者の場合、取材による。

私は、実は、新聞記者をしていたことがある。とはいっても、裁判官の研修として一カ月間だけ、もう一人の判事と一緒に毎日新聞に通っていた。しかし、この研修は、第二章でも触れたアメリカの司法省に半年、調査・研究に行ったこととならび、私の人生の中でももっとも有益な経験であったし、その後の裁判官人生にも役立った。この研修は、安川事件（簡裁判事が、自分が担当している事件の被告人を呼び出して関係したという事件）の再発防止策の一つとして、裁判官の社会的視野を広げるために企画され、現在までつづいている。

私ども二名が最初の研修員ということもあって、毎日新聞は、まさに、社をあげての大歓迎であった。おかげで、いろいろな所に取材同行という形で行くことができた。入江相政《すけまさ》侍従長への取材では、紅茶が出されたが、緊張のあまり手が震えて困った。大相撲では、支度部屋で横綱・千代の富士の横に坐ることもできた。春の甲子園では、蔦の絡まった貴賓室で、岩崎宏美さんを目の前で見た。「聖母《マドンナ》たちのララバイ」が入場行進曲になったことから、うずたかく積まれた色紙に、疲れ切った表情でサインをしているところだった。

しかし、裁判に関連してもっとも驚いたのは、そのスピードである。第二章で、実務家は時間制限の中に生きていると大見得を切った。だが、それはしょせん、たいていの場合は月や日単位のことで、新聞記者の場合は、時間、分、場合によっては秒を争う。スピード感が全然違う。判決を聞いてから、記事にするまで、締め切り時間との関係で大忙しである。

そこで、大きな事件では、ある程度の見通しのもとに予定稿を作る。三越事件（岡田茂社長とその愛人竹久みちが特別背任の罪に問われた事件）の言渡しでは、その際の被告人両名の法廷での反応まで、事前に記事にしているのにびっくりした。これでは、主文が予測に反していたら、「異例の判決」と書く心境もわかる。

この経験から、マスコミの要求があれば、判決要旨を言渡し後に交付することにしている。私の場合、逆転無罪判決が多かったので、新聞記者は、それに備えて、判決要旨を要求してくる。しかし、主文が控訴棄却だと判決要旨など見向きもしない。持っていかないのである。そこで、逆転無罪ではないときには、判決要旨の要求を断ろうかとも思ったが、そうすると、かえって、判決を予測できることになり、癪なので応じつづけていた。

判決要旨を作るのは、結構、骨である。報道のための要旨とはいえ、本文と食い違いが生じたら大変である。神経を遣うのである。そうすると、とかく、判決書の文言を削るだけで、長文になる。長文の要旨を渡された新聞記者は、それこそ、時間がないから、飛ばし読みして、いわば理解できたところだけかいつまんで、そのまま要旨として記事にする。そこで、新聞の判決要旨欄を読んでも、普通の読者には何のことだかわからないことになる。

私が陪席をしていた裁判長は、単なる要約ではいけないと言われ、判決要旨も簡潔に、その内容が一読してわかるように書けと指導されていた。新聞社研修に行くまでは、そうはいっても、書き分けるのはなかなか難しいと内心思っていた。しかし、研修後、物理学の知識を要する、ある難事件で頭を切り替えて、新聞記者になったつもりで判決要旨を作った。ところが翌日の各紙をみても、判決要旨は載っていない。苦心の作が採用されなかったのでがっかりして、事件の記事を読むと、なんと、私の作った要旨が、そのまま記事になっているではないか。新聞記者は要旨を見て、なるほどこれは使えると思ったのであろう。結果、各紙とも似たような記事になり、内心、やったと思った。

今日までのところ、私がマスコミの取材になるべく応じるようにしているのも、研修の経験のおかげである。裁判官は、しょせん、社会経験が乏しい。よく学生に、裁判官がかかわらない人生の三大運動とは何かと聞く。労働運動と学生運動と選挙運動である。いずれも、それに関する民事・刑事の事件を扱うが、その経験がないのが普通である。裁判官の経験不足を補うという意味でも、裁判員裁判は、有益である。

## 最高裁長官になるには

裁判官としての出世頭は、いうまでもなく、最高裁判所長官である。私の退官したときの身分である東京高等裁判所部総括判事という名称は、世間の誤解を招きやすい。多数の部を総括する偉い判事と思っている人も結構いる。事業統括本部長の感覚である。そうではなく、裁判官のほか書記官、事務官からなる各部の長でしかない。したがって、東京高等裁判所には、刑事第一部、民事第一部など多数の部総括判事がいる。現在でも、民事と刑事で三〇人に近い数だ。ありがたい方向での誤解なので、そのままにしておきたい。

ところで、最近、学生の気風も随分変わってきたなと思うことがあった。ある大学の司法試験合格者祝賀会で合格者がそれぞれに挨拶をさせられたが、その一人が、自分は将来最高裁判所長官になりたいと述べた。受けを狙った発言ではなく、極めて、真摯《しんし》なのである。また、別の機会に学生から、最高裁判所長官になるには、どうしたらいいですかと聞かれた。これも、至極、まじめなのである。しばし、絶句してしまった。

以前であれば、裁判官という人の人生を左右する重大な責任を負う仕事をする以上、出世や最高裁判所長官になりたいなどと考えてはいけないと直ちに諭したと思う。そもそも、我々の若いころは、こんなことを皆の前で口に出すような者はいなかった。しかし、時代が変わったのかもしれない。世の中では、会社の面接で御社の社長を目指しますということ自体とやかく言わなくなったとも聞く。意欲があってよいという評価なのかもしれない。

ただ、心配なのは、出世するためにどういう裁判をしたらいいのかとか、人事権を握る最高裁判所にどうしたら気に入られるかといったことばかり、頭にあると、目の前の事件や被告人の姿は消え、誤判をまねいても、何も気にしない鈍感な裁判官になってしまうことだ。出世は、目標ではなく、あくまで結果なのである。

あるテレビ番組の一時間ほどの対談に出演したときに、最後にキャスターの人から、原田さんご自身は結局出世したと思いますかと尋ねられた。逆転無罪を二〇件以上も出し、いわば、好き勝手なことをしていてどうなのかという素直な質問である。そこで、裁判官としての出世とは何かということを考えたとき、まっさきに浮かぶのは、東京地方裁判所の部総括判事のポストである。その番組では、このポストを経験したから、裁判官人生に満足していると一応答えた。これは、裁判官であれば、一度はなりたいと思うポストだ。いわば、裁判官の檜舞台なのである。東京高裁ではなく、東京地裁である。第一審こそが刑事裁判のいのちなのである。

どんな仕事でも、このような檜舞台はあると思う。そこに臨むのは、気力、体力、実力、能力が一番充実した時期である。しかも、やりがいのある仕事があり、優秀な陪席と書記官や事務官の人がいる。その期間が人生で最も充実した時間なのである。若い裁判官がそこを目指して悪いということはないだろう。最高裁判所判事や高等裁判所長官になるには、必ず、経験しておかなければならないポストでもある。

裁判官は、禅僧のように、すべての世間並みの利欲を断ち切って、身を清めて、一件、一件対処すべきであるというのは正しい。そして、誤判をしたら、直ちに職を辞するというのもすがすがしい態度であろう。では、さきほどの学生の最高裁判所長官になるにはどうしたらよいのかという質問に対して、どう答えるべきであったろう。単に、この理想を説き、叱るだけでは、説得力がなくなったと感じる。せめて、東京地方裁判所の部総括判事として認められるような立派な仕事ができるように日々励みなさいくらいしか浮かばない。

しかし、この考え方にも基本的な疑問がある。地方財界の大物であった私の伯父は、私が裁判官に任官したとき、このようなことを言って、私を諭した。その社会で出世するかどうかは、本人の努力でも能力でもない、それ以外のことで決まるのだ、日々努力すれば、必ず報われるなどという考え方は早く捨てることだというのである。これには、ショックを受けた。社会への門出に立つ若者に贈る言葉ではないだろう。しかし、よく考えてみると、裁判官として、出世をどこかに望みながら、日々努力するという態度こそ不純であり、邪道だということではないか。自分を待っている事件は、日本中のどこにでもある。山口百恵さんの歌ではないが、「日本のどこかに私を待ってる事件がある」のだ。

東京地裁が一番などという考えやそれを目指しなさいなどといったアドバイスは、不適切であろう。そして、後先のことなどを考えずに、個々の事件にベストを尽くすべきだというのが、最も正しい答えであると思う。

## 「自由な議論」のために

二〇一四年三月、袴田《はかまだ》事件の再審開始決定があった。それにつけても、最近不思議だと思うことがある。

氷見《ひみ》事件、足利事件、東電OL殺害事件において、再審が認められて、被告人は、いずれも無罪となった。真犯人が別に存在することまで明らかになったのであるから、まさに冤罪そのものであった。単に、証拠をどう評価するかの違いではない。しかも、再審無罪までに長い服役を経ている。このような不正義は、二度と起こってはならないと、誰もが思うだろう。

しかし、それでは、どうすれば、このようなことが二度と起こらなくなるのであろうか？

不思議といったのは、なぜ、裁判所は、知らん顔を決め込んでいるのだろうかということである。東電福島第一原子力発電所の事故では、再発防止のための検討や具体的な対策が国を挙げて行われている。もちろん、不十分なところはあるだろうし、原子力発電所自体の廃止も議論されている。しかし、再発は絶対防がないといけないという点では、コンセンサスがある。

ところが、刑事裁判における上記の不正義について、法務検察と裁判所において、再発防止策を具体的に検討したふしはない。それどころか、そのような検討すら、司法権の独立に反するといわんばかりである。しかし、司法権の独立は、当然ながら、自浄作用を前提とする。司法権の内部で、自らの判断で問題点を解決するから、他の二権(国会、内閣)による介入を拒否することができるのである。それをしないでおいて、裁判干渉のみを批判する資格はないように思われる。

結局、裁判所が最終的に再審無罪を確定させたのであるから、自浄作用は、まさに、正常に働いており、問題はないという見方がされているのかもしれない。しかし、それも弁護団等の多大な尽力があったからこそ、実現したのである。誤った有罪判決により現に長期間服役させたという不正義は、再審で無罪になったから帳消しとなり、その間のことは刑事補償で対応すれば十分、とはとうてい言えない。国のこのような誤った判断による犠牲について、国民は、甘受して、それが繰り返されても、我慢すればよいということなのだろうか？　裁判所にそれが繰り返されないような努力を求めること自体が誤っているのであろうか？　最高裁としては、誤判原因の究明は、どうしても誤判をした裁判官を直接調査することになるから、司法権の独立を侵すことになるというのであろう。また、裁判自体の独立を害さない限度で、たとえば、司法研修所における司法研究というような手法で誤判を防ぐのが目一杯だというのかもしれない。たしかに、今はやりの有識者会議などでお茶を濁すには、あまりに大きいテーマである。

しかし、これまでの刑事裁判のあり方自体に問題はなかったのか、この段階で冷静に検討することはできると思われる。何も誤判をした裁判官を糾問しなければ、再発が防止できないというものでもないであろう。むしろ、これまで、内部でこの重要な問題を意識して、検討してきたことはないと思う。現場の裁判官に、自由に意見を徴し、議論をさせるべきではないか。

これまで、このような検討は、全国裁判官懇話会を中心に行われてきた。しかし、最高裁は、懇話会を敵視し、排除してきた。その経緯は、第二章にも挙げた、黒木亮『法服の王国』(岩波現代文庫)に書かれているとおりである。刑事裁判はいかにあるべきかを論じること自体、不穏な行動と捉えた時代もあったと思う。しかし、組織として、この基本問題を論じないで、単に細かい訴訟技術論のような議論ばかり、研修所の教育や協議会で行っていてもしょうがない。

もちろん、刑事裁判のあり方については、さまざまな見方がある。現状がベストであり、しかも、裁判員裁判が導入され、裁判の民主化も行われてきたから、今後がますます期待できるという意見もあるだろう。これが、裁判官の大方の意見かもしれない。しかし、上記の冤罪がこれで二度と起こらないという保証は何もない。これまで裁判官相互の自由な議論を妨げてきたものは何であったかも、あらためて考えてみる必要があるだろう。

たとえば、有罪か無罪か微妙な事件をしっかり有罪とする刑事裁判官が、信頼できる人物だと評価されてきたのではないのか？　無罪が多い裁判官は、それだけでおかしな裁判官と当局も、さらには国民も、考えてきたのではないのか。この問題だけでも十分議論のしがいがあるので、また、別の機会に論じたい。ここでは、最高裁としても、二度と明白な冤罪が起こらないようにするために、外部にもわかるような形で十分方策をとるべきであると言いたいだけである。それも、そんなに難しいことを求めているのではなく、裁判官相互の自由な議論を喚起すれば、それだけでも意味があると思う。自由な議論とは、何を言っても、人事上の不利益を加えないということである。それが、第一歩であると確信する。

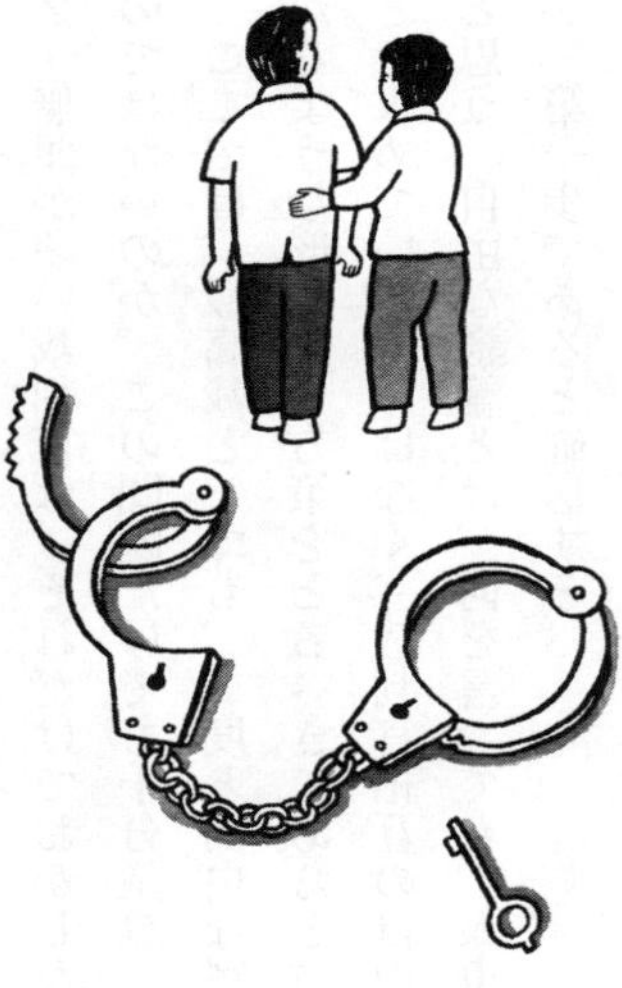

## 悪文のチャンピオン

裁判官は、判決書をたくさん書くことを仕事にしているから、ある意味で文章に大変敏感である。

裁判所特有の言い回しもある。刑事裁判で一番大切ともいえる無罪判決の主文は、「被告人は無罪。」という体言止めである。それ以外は、たとえば、「被告人を懲役何年に処する。」とか「被告人を死刑に処する。」という。「被告人を無罪とする。」とはいわない。だから、弁護人や新聞記者からは、裁判長が、「被告人は」というか「被告人を」というかが運命の分かれ道だと言われる。

ところで、判決文は、世間では、悪文の代表とされる。岩淵悦太郎《いわぶちえつたろう》の『悪文』（日本評論社）では、「次に、悪文のチャンピオンに登場ねがおう。それは裁判の判決文である」と切り出し、

「裁判官は、わが国で最高の教養学識を持っている文化人に属するであろう。しかし、その裁判官たちの判決文にも、文の切りつなぎの面からみると、優秀な悪文が多いようである」と述べている。この「優秀な悪文」というのがミソである。その原因の一つは、論理的な正確性と内容の正確性を重視するからだろう。主語の繰り返しも、別の解釈の余地を防ぐためには、ある程度必要なことである。あいまいさを嫌い、正確さが尊ばれる。それを犠牲にして、名文に走るのは、よろしくない。

私は、若いころ、小学館の『日本国語大辞典』(いわゆる、日国)の編纂にかかわったことがある。第二章に登場した石田穰一さんの陪席をしていたときに、そのお手伝いをしただけであるが、同辞典のあとがきに専門検討者として名前が載っている。私のひそかな自慢である。一つ一つの言葉の意味をどのように簡潔にして正確に表現するかが腕の見せ所である。その点、石田さんは、簡潔な判決文を目指し、また、それを実現していたから、この感覚に特に優れていた。辞書編纂の仕事は、まさに、三浦しをんの『舟を編む』(光文社)で語られているとおりである。

たとえば、「未必の故意」という普通の人にはわけのわからない法律用語がある。密室の恋とは、何だということにもなる。これは、故意の一種であり、殺したいという積極的な意欲がなかったとしても、相手が死んでも構わないと思っていれば、故意ありとされる。日国では、「行為者が、犯罪事実の発生することを積極的に意図したわけではないが、自分の行為から場合によってはその結果が発生するかも知れないし、そうなってもしかたがないと思いながら、なおその行為に及ぶときの意識」となっている。

裁判員の人は、殺意とは、人を殺そうと積極的に意欲することで、カーッとなって、無我夢中で人を刺した場合には、殺意はないと思いがちである。しかし、法律では、そうでないのである。裁判員には、未必の故意などという用語は用いずに、より中身のわかりやすい表現で説明することが試みられている。「人が死ぬ危険性が高い行為をそのような行為であるとわかって行った以上殺意が認められる」といった具合である。これでわかりやすくなったといえるかは疑問の余地があるが、これ以上くだけた表現は、とれないであろう。ここに、法律文書の乗り越えられない壁がある。悪文とならざるをえないゆえんがある。そうは言っても、わかりやすいにこしたことはない。私の若いころは、裁判官も深い漢籍の素養があったから、たとえば、「死屍累々鬼哭啾啾というべき」、「被害者に魂魄ありとせば、今なお坤輿に低迷徘徊し」、「悲憤瞋恚は今なお融和せず」といった意味はおぼろげに摑めるが、とても読めそうにも書けそうにもない言葉が次々とでてくる判決書もあった。これも時代の流れであろう。

わかりやすければよいかといえば、たとえば、「なんと翌日！」というのは、いただけない。「女性特有の執拗さ、底意地の悪さ」という判示（ともに実例）は不当であろう。我々がよく使う「宥恕」を得ているという表現ももはや古臭くなってきたかもしれない。いい語感だと思うが、今では、「許し」を得ているという表現が推奨されている。「真摯」な反省という場合、摯が使えなかったので、「真し」な反省と書き換えるが、なにか間が抜けた感じ（漢字）だ。だからといって、真面目な反省とか真剣な反省というのもどこか違う。やはり、この言葉自体は、読み替えるべきではなく、残しておかなければならない価値があるのだろう。二〇一〇年に「摯」が常用漢字になった。

これに対して、「斟酌する」は、相変わらず、「しん酌する」だ。この違いはどこから生じたのか、言葉は面白い。同様に「躊躇する」という用語もよく使うが、「ちゅうちょする」と平仮名で表記するとなると、いささか、しまりがなく、まさにためらわれる。

判決書は、以上のように、悪文の典型であるといわれるが、実は、名文もある。尊属殺人違憲判決（最高裁昭和四八年四月四日）の色川幸太郎《いろかわこうたろう》裁判官の意見などは、若い人に是非読んでもらいたいと思う。それを読むと、名文とは、文章の形ではなく、その中身であり、その訴えかける力の強さだと知る。そういう意味での名文を裁判官は目指すべきである。

# 人を裁く

小坂井《こざかい》敏晶《としあき》氏の著書に、『人が人を裁くということ』(岩波新書)という魅力的な題名の本がある。その鋭い指摘とは異なる観点から、この基本問題を論じてみたい。裁判官をしていた人が板前になり、以前話題となった。人を裁くより魚を捌《さば》くほうがいいと言っていた。人を裁くことの中核は、被告人が犯人か否かの判断である。裁判員にとって、この事実認定は、量刑とともに、なかなか難しい判断であろう。裁判官にしても同様である。

この事実認定の本質的な難しさは、真実を神のみではなく、目の前の被告人自身がもっともよく知っていることにある。誤った裁判をした裁判官は、犯罪者として処罰されるわけではないが、誤った判断により無実の被告人を刑務所に入れたり、死刑に処したりすることになる。そのことは、真実を知る被告人のみがわかっている。

いろいろなところで講演するときにもこの話をしてきた。すると、はじめて刑事裁判の怖さがわかったといわれる。シンプルな事実であるけれども、軽くはない。しかし、このことは、あまり学生には強調しないようにしている。せっかく、裁判官になりたいという希望を持っているのに、その夢を打ち砕くおそれがあるからだ。それは、大げさだという人もいよう。人は、いろいろな難しさを乗り越えて仕事を選び、懸命に努力しているのだ。裁判官に限ったことではない。たしかに、それはそうである。

ただ、ここで問題なのは、人を裁くことの意味である。人を裁くということは、人に許された仕事なのか。社会秩序維持のために必要なことはわかるが、本質的に許されない業《わざ》なのではないのか？　裁判官には権力があるから、自分の判断を強行することができる。それも正義としてである。しかし、誤った判断を強行する、人間としての資格はあるのだろうか。無実の者でも死刑に処してしまうのである。

さらに、この問題は、誤判をした裁判官は、何の責任も負わないのか、負うとして、どういう責任を負うべきなのかという難問にも結び付く。誤判であることが判明した場合、いかに進退を処すべきか、裁判官になったときから、覚悟を決めておく必要がある。こんな青臭い議論は早く卒業しないとひとかどの人物にはなれない。しかし、裁判官という仕事を生涯のものとして選ぶなら、一度はこの問題に直面し、考えるべきであろう。そして、その正解は得られない。

私も四〇年近く裁判官をしていたが、何も到達していない。しかし、正解が得られない問題を考え抜くことは、実は大切だと思う。禅問答のようでおかしいかもしれないが、そうすることで、一種の謙虚さが生まれるからだ。自分は、人を裁く資格などないと自覚することは、自分の判断が専横になるのを防ぐことになる。

判決の言渡しにおいても、本当は間違っているかもしれないと思うことは、決して自信のなさを示すものではない。神様や被告人の目からみたら、本当に間違っているかもしれない。私は、有罪・無罪が争われた事件の判決宣告では、自分は有罪と判断したが、もしかしたら、君の言うことが真実で判決が誤っているかもしれない、そうであれば、必ず、控訴してもらいたいと言っている。それを聞いて、控訴する被告人もいれば、しない被告人もいる。こういう裁判官の態度は、マスコミの非難の的である。しかし、自信の問題ではないのである。

かつて、団藤重光《だんどうしげみつ》先生が最高裁判事のときに、事実を争われた死刑事件で言渡しの後、傍聴席から、「人殺し」という叫びが起こり、そのことが死刑廃止論者に転換する大きなきっかけになったという(『死刑廃止論』有斐閣)。そんなことで、いちいちたじろいでいたら、裁判官などやっておれないという批判が裁判官仲間のあいだでも聞かれた。たしかに、学者の方が学説を変える動機には十分になる。無実の者を死刑にするおそれがあるから、死刑を廃止すべきだということは、十分論理的に成り立つ。それでは、無実の者を死刑にするおそれがあるなら、裁判官自体をやめるべきなのではないのか。なぜ、やめなくてよいのか？　これから裁判官になる人も、すでに裁判官になっている人も、どこかでこの疑問に立ち向かっていかなければならない。むろん、死刑に限ったことではない。

ところで、裁判員候補者が自分には人を裁く資格はないから裁判員を辞退したいといったらどう対応すべきだろうか？

そんなことで辞退を認めていたら、いくらでも口実に使われ、裁判員裁判が成り立たないという考え方も十分説得的である。これに類するのは、自分は死刑廃止論者であるから、死刑が予想される事件に裁判員として参加できないというものである。これについては、死刑廃止論者であっても、実定法である死刑を前提に評議に加わるべきであるといえそうである。前者についても、辞退事由にはならないと解されているが、実は依然として難問であると私は思う。

# 第四章　法廷から離れて

## ——裁判所の舞台裏

## 最高裁調査官の「魔術」と「錬金術」

最高裁判所調査官という仕事は、かつては、あまり世間では知られていないものであった。しかし、最近は、かなり人の口の端に上り、マスコミ等でも報道されるようになった。もっとも、これを評価するよりは、その内実を批判する論調が多くなっている。その代表は、瀬木比呂志《せぎひろし》『絶望の裁判所』(講談社現代新書)であろう。そこで、一体どういう仕事なのか、どんな苦労があるのか、逆にやり甲斐があるのかを少し書いてみたい。

まず、私が最初に最高裁調査官の内示を受けたときは、本当に、かけねなしに、嬉しかった。その転勤の送別会では、あまりに飲み過ぎたため、帰り、自転車が宙を浮き、路面に激突した。どこも痛くなく、汗と思い、顔をぬぐって、交番の前も通って、官舎に戻り、ドアを開けたら、妻も子供たちも絶叫した。驚いて、鏡を見ると、血で真っ赤であった。そんな思い出もあるくらいだ。なぜ、そんなに嬉しいかといえば、最高裁の中枢で働くことができるからだ。裁判官であれば、正直、一度はあこがれるポストなのである。こんなことをいうと、お前はバカかと思われるかもしれないが、調査官の仕事をどう見るかの前提として、この点は踏まえておかなければ、どんな批判も上滑りなものになってしまう。

私は、四年間その仕事をしたのであるが、予想にたがわず、面白いものであった。調査官がいる棟は、普通の事務室のスタイルであるが、裁判官棟となると、廊下も絨毯となり、その差は、歴然たるものがある。最高裁裁判官が御審議をされる部屋も、広くはないがシックな部屋である。上質のラウンドテーブルに裁判官が坐られ、その脇に普通の机があって、調査官はそこに坐り、審議の過程でいろいろ質問を受ける。室内に膨大な記録を持ち込み、床に並べ、裁判官からお尋ねがあると、床に這いつくばって該当箇所を探すこともある。これがなかなか、骨で、見つからないと情けない気持ちになるものだ。

最初は、御主任の裁判官から部屋に呼ばれ、お尋ねがあると、かなり、緊張することもあった。慣れてくるとズーズーしくなるのは、どの商売でも同じかもしれない。裁判官によっては、初歩的な質問で悪いけれども、と聞かれる方がおられる。そういう場合は、たいてい難しい問題で、最初はその場で答えようとして、悪戦苦闘に陥ったが、慣れると、重要な問題ですので部屋に持ち帰り検討します」と答えて退出する。そうすると、部屋までの廊下でなーんだと解答に気付くこともあった。

調査官の仕事は、記録を読むことから始まる。日本全国が相手だから、膨大な記録の事件も決して少なくない。私は、調査官になる前に控訴審を経験していたのでだいぶ助かった。記録読みのコツがある程度わかっていたからだ。そうはいっても、全記録を丁寧に読み、手控えを作ることに変わりはない。ただ、調査官は、黒子であり、傍聴席にいることはあっても、法廷を構成しているわけではないから、その点では、気が楽な面もある。ひたすら、記録を読みこなし、調査報告書を書く日々なのである。

それが、なぜ、楽しいのかと問われるかもしれない。しかし、事件のなかには、最高裁の判例として残すべきものが少数ながら必ずある。いわゆる判例事件である。上告趣意書のできがよくなくとも、本質的な問題を指摘するものについては、答えるべきなのである。もっとも、三くだり半のいわゆる例文による決定処理をする事件も多々ある。例文処理とは、たとえば、「弁護人の上告趣意は、違憲をいう点を含め、実質は単なる法令違反、事実誤認、量刑不当の主張であって、刑訴法四〇五条の上告理由に当たらない」というもので、職権判断を示さないのである。

これは、弁護人からは、大変不評である。膨大な上告趣意を書いても、これでお仕舞いなのだ。ある弁護人の上告趣意書に、「人権も三くだり半の紙一枚」という川柳が書かれていた。調査官としても、この処理を繰り返していれば、これほど楽な仕事はない。しかし、それでは、少しも面白くない。

調査官には、二つのタイプがあるといわれる。「魔術師」と「錬金術師」である。「魔術師」は、誰でも、これは判例事件で大変だろうと思っていると、いつの間にか、パッと例文処理で終わらせる人のことである。「錬金術師」というのは、誰が考えても、判例にはならないような事件を、立派な最高裁判例に仕上げる人である。私は、後者に属すると自負するが、必ずしも褒め言葉ではないかもしれない。

ある司法研修所教官が調査官に、君の仕事は最高裁調査官解説として立派な本に残るから良いなと言ったところ、調査官は、君の仕事こそ、修習生の心のなかに残るのだから良いではないかと言ったという。それぞれの仕事に対して批判はあるが、核心部分では、いずれも良い仕事だと思う。

# 人生の達人

最近、和田俊憲《としのり》・慶應義塾大学教授の『鉄道と刑法のはなし』（ＮＨＫ出版新書）のなかになつかしい名前を見つけた。エッセイストの「ゆたかはじめ」氏である。これは、もちろん、ペンネームで、本名は、石田穣一さんである。東京高等裁判所長官で退官された裁判官である。

第二章でも述べたが、私は、石田さんが東京高裁の第七刑事部におられたときに左陪席としてお仕えした。裁判官は独立なのだから、「お仕えした」はないだろうという人もあろう。しかし、私にとって、石田さんにはこの言葉がぴったりである。石田さんは、著名な鉄道マニアで、その分野は、まず、国鉄・私鉄の鉄道全線完全乗車であり、各駅での駅弁のカバーの収集である。これを「掛紙《かけがみ》」というらしい。しかも、その裏には、弁当の内容が綺麗に書かれたスケッチがあり、講評がなされている。それを一枚一枚、スクラップして、丁寧に保存しているのだ。また、鉄道の路線が全国で一駅でも延びたというと、休日を利用して、そこまで乗りに行く。常に全線完全乗車の記録を維持していた。

およそ、普通の裁判官像には当てはまらない。裁判官にこういう方がいること自体、奇跡であると同時に、裁判官の世界の奥深さを示している。石田さんからはいろいろなことを学んだが、あるとき、こういうことをいわれた。仕事と両立させつつ余暇を巧く使えとよく耳にするが、そうではなく、まず、余暇を入れて、その残りで仕事をしなさい。仕事を入れてから余暇を入れるのでは、ダメだ。仕事があるから余暇を入れないのでは、生涯、仕事に追いまくられ、良い仕事もできないし、良い家庭も築けないというのである。

これには、正直たまげた。そんなことが、裁判官の激職の中で可能だろうかと思った。しかも、その習慣は、若いうちに身につけないといけない。それができないというなら、その仕事にむいていないからだともいわれた。若い判事補にこんなことを話すと、当局から叱られそうだ。しかし、石田さんは、それを可能にしてきた。まさに、人生の達人というべきである。「ゆたかはじめ」とは、「穣一」からとったものと思うが、石田さんのライフスタイルを示すペンネームである。

石田さんには、『沖縄の心を求めて』(ひるぎ社)という本がある。沖縄地裁所長になる以前に、沖縄本島から東へ約四〇〇キロ、南大東島の砂糖きびを運ぶ軽便鉄道に乗りに行ったのである。その時の映像も見せていただいたが、まさに、軽便鉄道そのものである。沖縄には、当時普通の鉄道がなかった。そこで軽便鉄道を目指したのだ。

映像といったが、石田さんは、鉄道に乗るときは、撮影もされている。それを自宅で見せていただいたこともある。これも半端ではない。応接間が映画館に変身するのである。壁の一面に大きなスクリーンが降り、その前のカーテンが開幕のベルとともに開かれるのである。趣味もここまでくれば、人がまねできない。

また、石田さんは、大変なグルメで、昼飯は、霞が関の周辺の店をそれこそ毎日、雨が降ろうが風が吹こうが、一軒一軒訪ねた。私も毎回一緒に行った。それをまとめた小冊子（「霞が関周辺における昼食の実証的研究」、本章「裁判官が書いた本」にある『汽車ポッポ判事の鉄道と戦争』に収められている）も作られた。美味しい店を見つける秘訣として、まず、客が並んでいるかをチェックし、さらに、店の入り口で美味しい匂いがするかどうかをハナで鑑定するのである。これにはおそれいった。

こんな話ばかりすると、お前は裁判のことで学んだことはないのかと叱られそうである。

ある時、私がぶしつけにも、「全線乗車したといっても証拠はあるのですか？」と聞いたことがある。石田さんは、最後の路線の最終駅で降りたところを映像に残しておられたが、もちろん、それが全線を完乗した証拠にはならない。切符を持っていても、本人が乗った証拠にはならない。石田さんは、「だから、アリバイが本当にある被告人も、それを立証するのは難しい。そのあたりのことを十分考えて判断すべきだ」といわれた。これは、肝に銘じた。

石田さんは、判決の言渡しをはじめ、法廷内の所作には、十分気を付けられていた。判決の言渡しは、まさに音吐朗々として見事なものであった。裁判における演劇性を軽視してはならないというのが持論であった。裁判は中身が一番大事だけれども、それをどう伝えるかも国民の信頼を得るために必要であるというのだ。法廷には、六法全書を持って行ってはいけないと指導された。法廷は真剣勝負の場だから、六法全書に頼るようではダメだというのである。これは、その後、私も実践した。いわば、気合いの問題で、理屈の問題ではない。

今からふりかえると、実に贅沢な勉強をさせていただいた。しかし、このような個性的で超人的な裁判官は、もういなくなったのではないかと寂しい思いがする。

# マスコミ取材あれこれ

私は、マスコミとは意外と縁が深いことは第三章にも触れた。刑事裁判官時代は、新聞記者とは公判の取材を通じて接してきた。もっとも、この時代は、新聞記者と直接会うことはない。裁判官をやめてから、しばしば取材を受ける身になった。当時を知る記者のなかには、原田裁判長の法廷は、身の毛もよだつような恐ろしさだったという人もいる。自分ではそんなつもりはないが、外見は違うのかもしれない。反省すべきだ。今教えている学生からは想像ができないであろう。鬼の形相から仏のそれに変わったことになる。どちらが本当かといえば、二つとも実像である。裁判官時代は、気合いが強く入っていたと思う。今のほうが、はるかに幸せである。

それはともかく、新聞記者とは、法務省刑事局時代によく接した。当時、私は、判事補を三年やっただけの若い局付きだったが、毎日新聞に勢藤修三《せとうしゅうぞう》さんという名物記者がいた。この人は、特殊技能者で、部屋で秘密の話を始めようとすると、タイミングよく入ってくる。そして、皆の様子を見ると、これから会議ですかとかなんとか言って出ていく。それでもう触覚を働かせて、何か知られては困ることを始めたなと察し、それを材料に他の部屋に取材をしにいくのである。

この人と霞が関の司法エリアにある法曹会館で昼飯を一緒に食べていたとき、突然地面を揺るがす爆発音がして、外を見ると、丸の内方向に大きなきのこ雲のようなものが立ち上がった。彼とともに、現場まで堀に沿って全速力で走って行った。考えてみれば、私は、新聞記者ではないから、付いて行く義理はなかったが、自然と足が動いた。現場は、丸の内のビル街でまだ硝煙が立ち込めていた。一九七四年八月、三菱重工爆破事件の発生直後であった。続いて爆弾が破裂したらどうするの、と後に家内からいたく叱られた。それ以来、彼に気に入られたようで、自宅に呼ばれたこともある。この経験が新聞記者への親しみとなり、今でもできるだけ取材に協力することにしている。

これまで、取材を通じて知り合った素晴らしい新聞記者の諸君もだんだん第一線の現場から離れ、管理職になっている。寂しいことだ。いい新聞記者は、まず、十分に取材に時間をかけ、足を使う。このごろは、電話だけの取材で済まそうとする横着な人も増えてきた。面接試験ではないが、話していれば、すぐ相手の理解や程度がわかる。それに、間際の取材にろくなものはない。おそらく、準備不足といろいろ断られたうえで、原田さんでもしょうがないやくらいのことからであろう。

私の携帯の電話番号は、大手紙の手配リストに載っているようで、全国津々浦々の新聞記者から電話で取材がある。知らない電話番号はたいがいそうだから、時間がないなか、焦っているのだろうと思い、一応、返事の電話を入れる。そうすると、そのまま延々と電話を続ける人もいる。すぐかけ直しますという人は少なくなった。新聞の世界も若い者の教育が行き届かなくなったのかもしれない。昔、新幹線の食堂車で見るからにその筋のお偉いさんがさかんに、このごろの若い者はなっていない、事務所当番もろくにできないヤツがいると嘆いていた。どこの世界も同じだなと思ったものだ。

新聞記者の能力は、記事になってあらわれる。文章がいいのである。少しもチェックするところがない。私のだらけた話を実にうまくまとめる。プロだなと感心する。これに対して、取材がダメな記者は、文章もいただけない。よくデスクも通すものだと呆れるものもある。

新人記者の研修などでよく話すのだが、新人は、最初にサツ回りをやらされる。警察署での取材である。そうすると、どうしても、警察の見立てに染まりやすい。被疑者が否認しているとそれを批判するような記事を書く。後に冤罪と判明した足利事件でもそういうことがあったようだ。被疑者が嘘をついている、けしからんという論調なのである。しかし、これでは、裁判員裁判が実現した今日、正当な取材とはいえない。裁判員に影響を与えるような報道は慎むべきである。そのせいか、最近は被疑者の黙秘や否認について、淡々とした報道が目立ってきた。良いことだと思う。

難しいのは、被害者遺族の方々への取材であろう。たとえば、被告人が、過失の有無を争い無罪となった場合、遺族としては、やりきれない強い憤りをもつのも当然である。しかし、この遺族の怒りをあまりに強調する記事は、無罪判決に対する不信を生む点で問題だと思う。無罪判決が誤っていると確信するなら、そう記事にすればいい。判決の当否について、自分の意見を言わずに、遺族の言葉を借りて済ませるということであれば卑怯ではないか。

マスコミと刑事裁判は、もともと縁が深い間柄である。もっと、両者が忌憚《きたん》のない意見を言い合う場も必要であろう。

## 三大愚問に答える

裁判官の趣味にはどういうものがありますかとよく聞かれる。裁判官は、仕事ばかりしているから、無趣味だろうという言外の非難を感じることもある。今の若い判事補の人たちは多趣味になったと思う。私らのころは、囲碁、マージャンが主流であった。

囲碁はともかく、マージャンは、今ではすっかりすたれ、若い人でこれをやるのは極めて少なくなった。裁判官のマージャンというと、すぐにお金を賭けますかと尋ねられる。第三章にも取り上げた新聞社研修のときには、新聞記者から聞かれる三大愚問があった。裁判官は、赤提灯に行きますか、裁判官は、賭けマージャンをしますか、裁判官は、〝トルコ〟に行きますかである。今の人には、〝トルコ〟は通じないであろう。

このことで、私には大失敗がある。アメリカに調査研究に行っているとき、寄宿していた国際学生会館にはトルコの人が多数おり、ご承知のように大変な親日家ばかりなのに、つい口が滑って、日本には、〝トルコ〟がたくさんありますと言ってしまった。そうしたら皆喜んで、日本に行ったら是非行きたいと言い出したのである。つくづく我が身をバカだと嘆いた。

ところで、この三大愚問の正しい答えだが、第一問は、赤提灯には行きます、第二問は、ご想像にまかせます、第三問は、絶対に行きませんである。さて、金銭を賭けることは、いくら安い額でも賭博になると一般に解されている。もっとも、「一時の娯楽に供する物」と同程度の金額であれば、賭博罪にならないという有力な反対説もある。

昔、法務省刑事局の参事官室というところで、刑法全面改正作業を担当していたとき、参事官室の検察官と仕事の帰りしばしばマージャンをしたが、そこでは、名誉を賭けるという趣旨で、一切、金銭は賭けず、その代わり、結果を毎回ノートに記載していた。まことに、正しい姿勢である。それで驚いたのは、一年の結果を集計したところ、あきらかな実力の差があったということだ。マージャンは、勝っても負けてもその場限りのもので、運だと思っていたが、これだけはっきり実力がものをいうとは知らなかった。

私は、マージャン好きではないが、この実力がなかったので、よくカモにされた。偉い人を囲むマージャン大会では、私が抜擢されてお相手をさせられた。うまい人がゴマをすってわざと負けると相手も不快になるが、私だと一生懸命やって自然に負けることができるからだ。上の人は、よく見ているものだ。

マージャンに比べると、囲碁は上品でよい。最初に囲碁を習ったのは、私が修習した横浜の弁護士事務所の事務員の人からだ。午後五時をすぎると、碁盤を出して親切に最初から教えてくれたものだ。考えてみると、修習で一番ためになったのは、この囲碁を教えて貰ったことだ。これが、人生の唯一の愉しみになった。学生には、人生をふり返ってみると、勉強を教えてくれた人よりも趣味を教えてくれた人のほうがありがたいものだとよく言っている。

その後私も人に囲碁を教えるようになった。最高裁判事になった親友の金築誠志裁判官も新任判事補のときに私が囲碁を教えた。今では、彼のほうが強くなってしまったが、私から囲碁を教わったことは、今でも感謝していると思う。

ある日、調査官室で午後五時すぎに(この点、いちいち断っておかないと、すぐクレームが出かねないので用心が必要である)彼と一生懸命囲碁に熱中していると、そばに立っている人が、「囲碁ってそんなに面白いですかね」とつぶやいた。

その方は、木谷明さんだった。そのときは、囲碁に夢中であったので、何も感じなかったが、後でつらつら考えてみると、木谷さんは、かの名棋士の木谷實《みのる》さんのお子さんである。その木谷さんのつぶやきには、ある意味で人生を考えさせるものがあった。その著『「無罪」を見抜く』(岩波書店)でも書かれているように、木谷實さんは、明さんに才能を感じ、棋士への道を勧めたそうであるが、明さんは、断ったという。一緒に生活していた内弟子から、その後日本の囲碁界を代表する名棋士が沢山輩出した。大竹英雄、加藤正夫、石田芳夫、趙治勲らである。才能の違いが歴然としていたからという。

最近では、囲碁ソフトにもっぱら遊んでもらっている。相手が機械なので、腹の立つこともないし、かっかしないのでいい。以前は、囲碁ソフトは弱くて相手にならなかった。今の囲碁ソフトは、格段、力を付けている。将棋のほうは、プロにも勝つというすごいレベルだが、囲碁ソフトのほうは、それほどでもない。しかし、県代表クラスといい、とても勝てない。あまり、勝てないので、最近は、囲碁自体が嫌いになってきた。やはり、囲碁は、碁敵と汗をふきふき、文句をいいながら、碁盤をはさんでやるのが一番なのかもしれない。本来、人間のなす業なのであろう。

# 転勤——某支部の話

裁判所には、本庁と支部とがある。本庁は、都道府県庁所在地にあり、北海道には、札幌のほかに、函館、旭川、釧路にある。支部は、主として地方都市にある。支部勤務については、「しぶしぶとしぶからしぶへしぶめぐり　しぶのむしにもごぶのたましい」という、裁判官としての不遇をかこつ歌がある。人事権をもつ最高裁判所から冷遇されていた裁判官の作といわれる。

私は、幸いというか不幸というか、長い裁判官生活で支部勤務は一回だけであった。週一回の塡補《てんぽ》で、一年間支部に通った。福岡地方裁判所の甘木《あまぎ》支部である。現在は、統廃合でなくなっている。私は、それまでも、それからも民事事件をしたことがない。この一年間が貴重な唯一の経験となった。やったことがないというのは、大変に不安で、若い頃に一任地で二、三年でもしておれば、次にやるときに、心の支えにはなる。少年事件も、のちに家裁の所長になって初めて経験するという、この分野では超晩生《おくて》の裁判官であった。

甘木での初日、支部長の席について、初めて新件の記録を取り上げたときのことである。当時は縦書きであった訴状を見ると、宛名が「某支部、某支部長殿」とあった。いくらなんでも、これでは特定していない。書記官を呼んですぐ検討させた。しばらくして、彼が嬉しそうに飛んで来て、甘木支部と書いてありますと言う。たしかに、「某」というのは、甘木である。甘木とすべきところ、弁護士事務所の和文タイプの人が甘という活字がなかったので、某で代用したのであろう。大したとんちだと感心した。今の若い人には、和文タイプといっても通じないかもしれない。当時は、判決書も専任のタイプの人がたくさんの活字の中から一字一字拾って正本を作成していた。ちなみに、法律に愛も恋もないかといえば、ある。憲法とストーカー規制法などにあるのだ。

甘木というのは、筑後平野の奥にある。寅さんの映画でも舞台になった。秋月城の跡がある。着任して間もなく、この支部に通うのが楽しみになった。事件がほとんどないからだ。そのため、廃庁になったくらいである。しかし、支部の敷地は広く、建物も立派で、朝倉街道を挟んで目の前に造り酒屋の蔵があるという恵まれたロケイションであった。地元の方々が裁判所を大事にし、いろいろな面でサポートしてきたという歴史があった。そこで、廃庁となったときに、我が国で唯一違憲訴訟が起こったのである。そういう土地柄であった。

ある日、法廷で審理をしていたら、犬が一匹入ってきた。なかなか、立派な柴犬であった。傍聴席を一めぐりして、法壇の前まで来て、不思議そうに首を傾《かし》げながら私を見て、悠然と去って行った。法廷警察権(犬)を使って退廷させるいとまもなかった。おそらく、開廷中に犬が傍聴した例はないであろう。このくらい、のんびりした好いところなのである。

夕方は、支部の敷地内で職員とテニスをして、その後庁内で懇親会。大皿に、名物の馬刺が一杯に盛られ、焼酎を飲んだ。そして、街に繰り出すのだが、そのときは、廷吏の人が率先して風を切って歩く。地元の暴力団もこの人には最敬礼だ。昼は、裁判所の廷吏さんだが、夜は街の顔役だ。彼は、実に立派な顔をしている。秋月城主の末裔なのである。職員行きつけの飲み屋に行き、今度は、目の前の筑後川で獲りたての、川エビの茹で上がりを口いっぱい頬張り、また焼酎を飲む。しこたま飲んで、最終バスに職員の皆に押し込まれて、福岡までの長い帰宅の途についた。これが、毎週繰り返された。

瞬《また》く間に一年がたち、送別会が行われた。年配の庶務課長が冒頭の挨拶をしたが、途中から、感極まり泣き出した。皆も次々に泣き出し、私も泣いた。こんな忘れられない送別会はその前にも後にもなかった。本当に、純朴な人たちなのである。

このような幸せな支部勤務をし、しかも週一で一年だけという短期間であったから、とても、支部を経験したとはいえない。まして、先の短歌にみられるような苦労も味わっていない。もっとも、支部勤務も長い裁判官人生の中でいい経験になるといわれる。世情や人情に直接触れる機会も多くなるからだ。離島などでは、裁判官の子供が近くの暴力団員の子供と仲良く小学校に通学することもあると聞く。

裁判官には転勤がつきものである。それを負担とみるのか良い経験とみるのか意見は分かれるだろうが、若いうちに支部があるような地方で三、四年生活するのも魅力がある。もっとも、子供の成長に伴い、進学の問題があって、大都会から離れるのが困難になり、単身赴任も余儀なくされる。これは、他の仕事でも同様であろう。先の短歌の場合は、一種の制裁としてなされた冷遇であるから、とうてい、許されるものではない。現在では、このようなあからさまな人事は姿を消したと信じたい。

# 私の世代と戦争

私は、一九四五(昭和二〇)年の二月二六日に生まれた。今年で七二歳になる。この前、学生におじいさんの年を聞いたら、私より下の人が結構いた。もう、子の世代ではなく、孫の世代を教えていることになる。

第二次世界大戦中に生まれた私たちの世代は、世代というには短すぎる期間だが、「戦中生まれ世代」ともいうそうだ。いわゆる団塊の世代の前であり、かつ、本来の戦中派ともいえない宙ぶらりんな世代である。

だいたい、名前自体が國男といういかにも戦時色の強いもので、同級生には、東洋男とか邦子といった大東亜共栄圏を想起させる名前が結構ある。終戦後生まれた団塊の世代になると、和夫のように平和を象徴するような名前が多くなっている。以前、右翼っぽい被告人から、

「お前の親はお前に『國男』という立派な名前をつけたのを恥じないのか？」という脅迫状が届いた。これは、両親の命名を讃えるもので、脅迫には当たらないとして、事件にはならなかった。

まだ乳飲み子の私は、家族が疎開していたので牛やヤギの乳で育てられた。食糧事情は劣悪で、そんななか、よく育ててくれたものだと感謝している。戦争自体は知らないが、物心のついたころでも、戦争の影響が色濃く残されていた。当時、鎌倉に住んでいたが、比企谷《ひきがやつ》の幼稚園の前には、置き去りにされた数台の高射砲の残骸があり、子供たちの格好の遊び場になっていた。

また、近くに駐留軍の将校が屋敷を接収して住んでおり、その子供から、四角の白い小さなタブレットのガムを貰った。喜んで、なめては飲み込んでいたら、大きな声で何度も「チューイング、チューイング」と叫ぶ。わけがわからず、あいかわらず、嚙まずに飲み込んでいた。これが、私が最初に覚えた英語である。夕方になると、ラジオで尋ね人という番組をしていた。誰々の消息を知る人はいませんか、とアナウンサーが次々と名前を読み上げる。子供心にも戦争の悲惨さを感じた。

当時は、小学校に特殊学級というのがあり、普通の授業についていけない子供たちは、そこに組み込まれた。今では、特別支援学級といい、差別的なものではないと理解している。だが、当時の子供心にはそうではなかった。私も、あやうく、入れられそうになったが、母親が激しく抗議して、やめになった。このことは長く、私の心を傷つけていたが、最近、脳科学の大家である養老孟司《ようろうたけし》先生がまったく同じ経験を語られていた。母親が抗議して先生が特殊学級に入らなかった経緯も同じであった。当時は、特殊学級の子だからといって、皆でいじめるというようなことはなかった。むしろ、可哀想だと思い、助ける気風が子供たちの間にあったと思う。いじめそのものは、あったろうが、いじめる方がみっともないという意識があり、いじめっ子はバカにされていた。

母の日の読売新聞の「編集手帳」欄に、赤いカーネーションと白いカーネーションの話が載っていた。その話のように、学校で母の日にお母さんのいる人は赤いカーネーションを、お母さんがいない人は白いカーネーションを胸につけなさいと指導された。私は、まさに、その世代で、子供心にもむごいと感じたが、当時の子供たちの間では、お母さんのいない子に対する同情心があった。日本全体が貧窮の状態にあり、皆が貧乏していたから、かえって、一体感があった。お金持ちは一握りの人で、幼稚園に行っていたというだけで、セレブだった。

給食制度が始まり、これは、楽しみであった。今から考えるとたいしたものが出ていたわけではないが、それでも、ご馳走に感じた。今ではとても飲めたものではない脱脂粉乳のミルクも、私は結構嫌がらずに飲んだ。コッペパンも先生の指示で休んだ人の家にわざわざ届けた。可愛い女の子の家に行くときなどドキドキであった。何かの本で、給食代が払えず、その時間になると、独り校庭に出て水道水を飲んで空腹をいやしていた少年のことを読んだことがある。おそらく、同じ世代の子であったろう。また、費用が積み立てられず、修学旅行に行けない子もいた。同じような悲惨な貧困が世の中に少なくなかったのだ。

おじいさんの昔話はこのぐらいにするが、この戦中生まれ世代は、全共闘世代ともつながり、全体としてリベラルだったと思う。その一員として、先の戦争は反省するが、謝罪はしないなどという発想は、まさに驚きとしかいえない。もっとも、先日、テレビを見ていたら、原宿のギャルがアメリカと戦争したことも知らなかったのには愕然とした。「戦争を知らない子供たち」という良い歌があるが、今や戦争があったことも知らない子供たちがいるのだ。私どものような世代は、去りゆくのみなのかもしれない。

# 裁判官が書いた本

最近、後輩の大竹たかしさんが『裁判官の書架』（白水社）という素晴らしい本を書かれた。彼は、大竹しのぶさんの兄のような名前のおかげで皆にすぐ名前を覚えてもらえたと自己紹介で言っていた。第一章で触れた兄弟間の相続事件を見事に解決した裁判官その人でもある。

それに啓発されて、先輩裁判官の本から三冊を選んで書いてみたい。毎日新聞読書欄に「この三冊」というコラムがあり、私も以前書かせていただいたことがあるが、それにちなんだ。

出版順に挙げると、鬼塚賢太郎『偽囚記』（矯正協会）、岡村治信『青春の柩　生と死の航跡』（光人社）、ゆたかはじめ『汽車ポッポ判事の鉄道と戦争』（弦書房）である。著者は、いずれも、私と仕事の上で縁があった方々である。鬼塚さんは、もともと著名な刑事裁判官で、私が東京高裁の裁判長のときに逆転無罪としたある殺人事件の弁護人であった。岡村さんは、私が若いころ東京高裁の左陪席として勤めたときの最初の裁判長であった。ゆたかはじめさんは、これまで何度かご登場いただいた石田穣一さんである。

『偽囚記』は、一九四七(昭和二二)年当時、東京大学法学部の学生であった著者が他二名の学友とともに囚人にばけて実際に刑務所に入った体験記である。最初に教習生としてにわかの看守になった話もあるが、何といっても、偽囚としての記録が秀逸である。所長以外の刑務職員も騙しているのである。終戦直後の混乱期とはいえ、ある種の自由が感じられる。当時東京大学教授であった団藤重光先生の肝いりという。

その二年後に、当時京都大学の学生であった森下忠先生が、同じく団藤先生の講義がきっかけとなって、刑務所に身分を隠して志願囚になった。その記録が『若き志願囚』であり、最近復刻版が出された(酒井書店)。森下先生の方は、うまく騙しとおすことができたそうだが、鬼塚さんらは、密告者との疑いを受けて、他の囚人に問いつめられ、ばれそうになったところ、何とか「釈放」の日を迎えた。そのときの体験記が日の目を見たのは、三〇年余り経てからだ。当時まさに名裁判官として令名が高かった鬼塚さんがこのような経験を本として出版したことは、私ら若手の裁判官にとっては驚きであり、そういう時代があったこと自体信じられない思いであった。

『青春の柩』は、私も戦記物はよく読んだが、これほど血湧き肉躍るものは稀だと思う。海軍主計中尉として幾多の海上作戦に従事し、何度も生死のはざまに立ちながら、常に幸運に恵まれ、生きることができた事実に驚くばかりである。もちろん、そのメインテーマは、「まえがき」にあるように、同胞の死を無駄にしないために、力のかぎり生きぬくことであり、経過を忠実に記録することであったのであろう。それにしても、作戦行動や南洋・北洋の大自然の細部をこれほど正確に描写しているのは、とうてい人のまねのできることではない。激務の間にメモを作っていたということだが、いつ死んでもおかしくない状況でそうしたことができる精神力には感服するほかない。

ある事件で弁護人が岡村裁判長の訴訟指揮に不満をもって、忌避を申し立てたことがあった。すると、すぐに休廷し、弁護人を裁判官室に呼んで諄々《じゅんじゅん》と諭され、弁護人は、法廷で心から非礼を詫びた。こんなことは、私にはとてもできない。岡村さんが定年退官された日は、普段とまったく変わりはなく、淡々と残務を処理され、旧高裁の階段を裁判官・職員らに見送られて降りていかれた。まさに、さわやかな一陣の風が吹き抜けていくようであった。このことも、自分が退官するとき、まねにしてもそうしたかったが、とてもできなかった。人間の器《うつわ》が違うと実感した。

石田さんの本は、「あとがき」にあるように、私の前記の記事（本章「人生の達人」）が出版の契機になったという。ありがたいことである。この本は、石田さんの他の著書とは異なり、楽しく愉快な出来事だけではなく、戦争の悲惨さを描いている。東京大空襲ののち、父上は当初広島地裁所長に転出する予定であったが、奥様が亡くなられたこともあって、急きょ長崎地裁所長になったというのである。そこで、被爆され、当地に同行した石田さんの妹さんも大変な負傷をされた。当時、東京の学生寮にいた石田さんは、「こんな恐ろしい爆弾ではとても助かりっこない」と思ったそうだ。このようなご不幸があったとは、一緒に仕事をしていた自分もまったく知らなかった。石田さんの平素の明るく楽しい人柄からは想像できなかったのである。その本の表紙の写真は、父上が撮影したもので、被爆後の爆心地を行く長崎本線列車である。そのけなげな姿に「鉄道は平和でなければ走り続けられない」という帯の言葉が重なる。

以上の三冊に共通するのは、事実について詳細なことである。これは、裁判官のもつ事実認定に対する真摯な態度のあらわれだと思う。おそらく、どの一行も事実に基づく記述であろう。そして、冒頭にあげた大竹さんの著書も、紹介する本について実に丁寧なコメントをしている。これも裁判官特有の記録読みの正確さが反映しているように思われる。

このコラムを書き続けている自分もこうありたいものだ。

# 法科大学院で教える

私が法科大学院で学生を教えて六年余りが経つ。現在、法科大学院の教育は、多くの問題や課題を抱えている。二〇一一年に予備試験が導入され、これに合格すれば、法科大学院を経ずに司法試験を受けることができるようになった。法曹になる最短距離である。これにより、法科大学院教育は空洞化するという批判も多い。確かに、法科大学院での二年ないし三年の時間をパスできるのだから、法科大学院教育とはいったい何なのだという疑問が生じるのももっともである。

しかし、最優秀の者に別ルートを設け、これらの者が他の分野に行くことを防ぐのは、それなりに悪いことではない。もっとも、予備試験組＝最優秀と言い切ることはできない。優れた法律家の条件はいうまでもなく、試験の成績だけではないからだ。

法科大学院教育の優れた点もいくつかある。まず、以前の仕組みではこの社会に来ることがなかったと思われる、極めて優れた人が少数ながらいるということだ。それも、女性が目立つ。これらの人は、いわゆる未修と呼ばれる三年コースのなかにいる。法学部卒業者ではない。法律などの勉強は、法科大学院に入って初めてやるのである。慣れない分野であるから、大変苦戦するのが普通だ。ところが、極めて優秀なのである。ある人などは、見た目、AKB48のようなアイドルの雰囲気だったが、答案を見てびっくりしてしまった。素晴らしいのである。彼女は、最優秀の成績で司法試験も一発で受かった。いわば、スーパー未修なのである。法律学というのは、どういう学問なのかと考え込まされた。数学であればそういう天分もわかるが、法律学はあくまで経験が基礎となる学問である。法律学の天分があるとはどういうことかという疑問である。

このような人は数少なく、あくまで例外的であるが、こういう人を司法の世界へ導いていけるということは、法科大学院教育の一つの見過ごせない効果だと思う。

次に、法科大学院教育では、現役の実務家から直接指導を受ける機会があることである。私のような元裁判官もいるが、地裁で実際の裁判を担当している裁判官や経験豊富な検察官や弁護士がいる。実務家の教育のほうが研究者の教育より優れているというわけではない。そうではなく、実務ではどうなっているのか、どのように考えられているのかを知ることは、将来、法律家になるうえで大変有意義だと思われる。予備試験組にはその経験ができない。

学生も実務の話をすると目を輝かせて聞いている。観念的にみえる法律が生き生きとした存在に映るのであろう。また、実務家は、司法試験合格後にそれぞれ自分の仕事を決めるうえで良き相談相手にもなる。私が勧めたことがきっかけとなって裁判官になった人もいる。それまで、自分が裁判官になれるなどとは思ってもいなかった人が勉強に励み、立派に裁判官になっている。こういう人をみると、ありがたいし、教師冥利を感じる。

最後に、強調したいのは、社会経験をもった人が法科大学院生になっていることである。これらの人は、社会ですでにもまれ教育されているから、その視点が上っ面でなく、物事の本質を見抜くのに優れている。また、その社会経験の内容によっては、世の中の弱い人に対する温かい目を持っている。こういう人が弁護士になれば、やはり、それだけ弱い人たちの味方になってくれるであろう。

大学を出たばかりの若い学生の多くは、企業法務を中心とした花形の弁護士を夢見ている。これも大事であるが、社会的弱者の力になろうとする弁護士も大切な存在である。こういう学生がいること自体、教えるほうも励みになり、是非、合格できるように助ける心組みにもなる。

法科大学院制度については、当初想定されたより低い合格率と合格者数をめぐって、やはり多くの問題点が指摘されている。弁護士の数が増加し、弁護士会からは悲鳴が聞こえる。たしかに、数の増加が質の低下をもたらし、いわば食えない弁護士が国選事件をあさり、生活に困窮することもまれではない。他方で、企業の中には、法科大学院を卒業したが司法試験に失敗した人を積極的に採用するところも現れてきた。法学部卒業者より法科大学院卒業者を入れて鍛えたほうが効率的という判断もあるのだろう。法科大学院生向けの短期型エクスターンシップに力を入れる企業もある。また、優秀な社員を法科大学院に派遣して弁護士資格を取らせるところもある。

このように、法科大学院制度は、目に見えないところで次第に社会に根を広げている。人を裁くという立場から人に教えるという立場にかわり、その重要性とやりがいを感じる日々である。

# 第五章　裁判員と裁判官

## ――公平な判断のために求められるもの

## 国民の目線と少年事件

私は、裁判官としての最後の八年間が東京高等裁判所であったので、裁判員裁判を経験していない。これは、実に残念なことだ。裁判員候補者に選ばれたら、素知らぬ顔をして出頭したいぐらいである。もちろん、裁判官経験者は、裁判員にはなれない。裁判員法で明示されている(一五条一項四号)。

裁判員裁判は、スタートした当初はいろいろな懸念や心配もあったが、全体としてはこれまで巧く機能していると思う。だが、ときどき、あれ、ということもある。たとえば、報道によれば、仙台の少年の死刑事件の裁判員は、その記者会見で、「私個人は一四歳だろうが、一五歳だろうが、人の命を奪ったという重い罪には、大人と同じ刑で判断すべきだと思い、そう心がけた」と言ったという(二〇一〇年一一月)。これは、一般の国民のスタンダードな考えなのかもしれない。国民の目線をここに感じる。

司法研修所の司法研究で実施したアンケート調査の結果でも（全国の刑事裁判官と国民からアンケートを取ったもの）、国民側の回答では、約二五パーセントの人が、犯行時少年であることを、刑を重くする要素に考えている。ところが、裁判官側の回答では、そのように考える人は、〇パーセントであった。

何故かというと、おそらく、裁判官は、少年事件をやっていて、少年の大半は更生しているという現実を知っているからだろう。見た目がとんでもなく悪い奴でも、結局は更生して立派な社会人になっている。国民とはここでの経験の共有ができない。少年による重大な事件の報道を見て、読んで、そういう少年というのは悪い奴だ、だから刑を重くしないと効き目がないという発想になりがちだ。少年の更生改善を謳う少年法の理念をあっさり否定してしまうのである。

非行少年というと、私には思い出す一人の少年がいる。

彼は、小学校五、六年のころの同級生であった。当時すでに有名な不良で、誰も近づきたがらなかった。ところが、私の誕生日の会を家で開くことになったところ、母は、彼を呼びなさいと断固として言った。彼が雨の中、傘もささずにとぼとぼと歩いていたところをみて、自転車の後ろに乗せたことがあったようだ。私は、たまげてしまったが、案に相違して、彼は、喜んで家に来て、しかも、素敵なプレゼントまで持ってきた。その日の彼の実に嬉しそうで、皆とうち解けて遊んでいる姿は今でも忘れられない。

後日、彼の家に私だけが呼ばれた。すごい豪邸で、祖母と母親の二人は、大変歓迎してくれ、彼の可愛がっている猿とも遊んだ。当時、子供にペットとして猿を買い与えることのできる家庭はまずなかったと思う。しかし、猿と遊ぶ彼の姿をみて、子供心にも、かえってその孤独を感じたものである。

中学になっても、彼の非行は止まらず、不良グループのボス格となったが、私に対しては、その日の恩義からか、常に庇護する立場であった。学校から帰る途中、林の中で、一団の不良グループに囲まれ恐喝されそうになった時も、彼が奥から飛び出して来て、「こいつには手を出してはいかん」と叫んで配下を止めた。また朝学校に行くと、私の机の上に何度か牛乳びんが置いてあった。彼がどこかの家の牛乳入れから朝くすねたものである。これを原田にあげようと思ったのであろう。

これは、立派な窃盗罪であるし(刑法二三五条)、盗品と知ってそれを無償で譲り受けるのも犯罪になる(刑法二五六条一項)。いちいち返した記憶もないから、ありがたくいただいたと思う。その後、彼は成人して暴力団にかかわり、刑務所に入ったと風の便りに聞いた。

学校や家庭から見放された非行少年が、他に仲間を求めてさらに非行に走る背景には、彼に見られるような孤独さがあるように思う。

裁判官になった私でさえ、このようなささやかな経験があるのだから、裁判員の方々には、少年の非行について、いろいろな見方や考え方があるだろう。ひどい目にあったという経験も中にはあるかもしれない。だが、他の裁判員からもいろいろな経験を聞き、視野が広がる可能性もある。これが裁判員裁判の良いところだともいえる。決して、罪を犯した少年はしょせん悪い奴などという一面的な見方に陥ってほしくない。裁判官も少年法の理念をよく裁判員に理解してもらう必要がある。

犯行時少年であることが量刑上深刻な問題となるのは、死刑か無期懲役かの判断の場面である。

少年法五一条一項は、「罪を犯すとき十八歳に満たない者に対しては、死刑をもつて処断すべきときは、無期刑を科する。」と規定している。要するに、一八歳未満の少年に対して、死刑は科せないのである。例外は認められないから、どんなに凶悪・非道な犯罪を犯しても死刑にはできない。これは、少年保護という少年法の理念を表す規定だからである。

そこで、犯行時少年ではあるが、一八歳を若干超えている被告人の場合、どう考えるかが難しい。前記の仙台地裁の事件では、一八歳七カ月であった。有名な光市母子殺害事件では、一八歳三〇日であった。なお、永山事件では、強盗殺人・殺人の犯行時は、一九歳三カ月ないし四カ月余りであった。

この点、最高裁は、光市母子殺害事件第一次上告審判決で、「被告人が犯行時一八歳になって間もない少年であったことは、死刑を選択するかどうかの判断に当たって相応の考慮を払うべき事情ではあるが、死刑を回避すべき決定的な事情であるとまではいえず、本件犯行の罪質、動機、態様、結果の重大性及び遺族の被害感情等と対比・総合して判断する上で考慮すべき一事情にとどまるというべきである」と判示した。これは、このとおりであろう。

しかし、犯行がたとえば四〇日前であれば、死刑にはなりえなかったわけで、この断絶が死刑か無期懲役かを分ける絶対的な壁になっているだけに、評価が困難である。「相応の考慮」とは、何かということである。これまでは、裁判官だけが考え、悩めばすむ話であったが、死刑事件はおろか、刑事事件にはじめて接する裁判員にとっては、大変な負担になるだろう。とても、少年はけしからんだけでは、理由にならないのである。

裁判は人を扱う。いろいろな目線で見る必要がある。そのためには、裁判員の人生経験や多様なものの見方が反映されることが、より良い裁判の実現に役立つものと思われる。

# 裁判官 vs. 弁護士

私は、裁判官を辞めた後、弁護士をしている。これも形だけではなく、法廷にも頻繁に出ている。それは、担当する裁判官にとって迷惑ではないですかと後輩からも聞かれる。たしかに、そうかもしれないが、選任された以上、最善を尽くすのが刑事弁護人の義務であろう。とはいえ、主観的には、法廷でなるべく目立たないようにしているつもりである。

ところで、裁判官から弁護人になって、刑事裁判に対してどう思うようになったか、としばしば尋ねられる。これまでも、元裁判官が、自分が弁護士として担当した裁判が思うようにならず、悲憤慷慨する文章に接したことがあるが、あまり良い気持ちはしない。自分が裁判官ならそういう判断はしないといくら思っても、もはや裁判官でないのだから、どうしようもない話だ。

裁判官と刑事弁護人の本質的な違いは、被告人が本当に真犯人ではないという確信（心証）を持てるかどうかである。私は、控訴審の裁判官として八年間に二〇件以上の逆転無罪を出しているが、そのなかで真っ白だと思うに至った例は少ない、あるいは、かなり少ないといわざるをえない。多くは、灰色無罪なのである。それは、けしからんと思う人もいるかもしれないが、刑事裁判に求められているのは、白か黒かの判断ではなく、黒と断定できるかどうかの判断である。

先日、江川紹子さんがあるパネルディスカッションで、裁判員は、白か黒かの判断を求められていると感じて、苦しんでいるのではないかという話をされていた。そうであるとすれば、たしかに違う。灰色か黒かの判断が肝心なのである。無罪になった人からすれば、裁判所が完全無罪（無実）を認定してくれないことに不満をもつかもしれない。しかし、それは、裁判所の役割ではない。裁判官は、提出された証拠から合理的疑いを超えた立証がなされているかを判断するだけである。もし裁判員が、真っ白でなければ有罪だ、と思っているとしたら、無罪はほとんどなくなってしまう。

話を戻すと、その証拠や法廷での被告人の態度から、裁判官が無実を実感することは、少ないかまれである。これに対して、弁護人になり、無罪ないし冤罪を主張する被告人に何度も接見していると、この人は本当に無実なのだという確信が持てる。もちろん、そうでない被告人もいるし、それが多数であろうが、無実の確信に至る被告人もいる。この感覚は、裁判官時代には、得られないものであった。それこそ、単なる感情移入にすぎず、被告人に騙されているのだというクールで意地悪な見方もあるだろう。しかし、著名な冤罪事件で再審無罪を勝ち取った弁護人も、やはり同じような感想を述べている。最初の接見で無実を確信したという例も少なくない。だからこそ、手弁当で膨大な時間をかけても、再審開始に至るまで打ち込むことができるのである。単なる売名のためにこれほどの負担を背負い込む人はいまい。無実なのに牢につながれている被告人を何とか救い出したいという気持ちがなせる業である。

被告人から距離があればあるほど、本当は犯人なのに嘘を言っていると思いやすい。そういう意味では、世間がその代表であろうが、裁判官も例外でない。その無罪を見抜かなければならないのに、逆にその嘘を見抜かなければ、とか、被告人に騙されてはならないという思いが強い裁判官もいる。こういう裁判官は、素直に証拠を見ることができない。無罪方向の証拠でも、有罪という観点から何とか説明しようとする。そこに破綻が生じるのである。また、本来、ニュートラルな事実でも、被告人が犯人であることを物語っているなどと判示し、最初に有罪ありきの姿勢をうかがわせる。

　このような点で、短い期間とはいえ弁護士を経験してよかったと思う。同時に、裁判官としての仕事に対する、にがい反省も生じた。それは、身柄に対する感覚である。現在、人質司法が問題となっている。犯人として逮捕され、否認をすると、勾留され、起訴され、保釈がなされず、長期にわたり拘束された揚げ句、実刑になるという悪い連鎖が起こっている。被告人が無実であっても、この負担に耐えられず、自白をしてしまうこともある。無実なら自白などするはずはないという見方がいかに誤っているかは、足利事件や氷見事件からも明らかであろう。

　しかし、裁判官時代は、罪証隠滅や逃亡のおそれがあると考えがちであった。経験上、そうした例も知っているので消極的に考えやすい。だが、被告人との接見を繰り返していると、この不当に長い身柄拘束が本当に許されないものだと実感する。まさに、刑の先取りなのである。この実感は、裁判官はもとより、身柄を直接扱う検察官にも薄いのではないか？　書類上の出来事としか感じていないのではあるまいか？

　この二つの実感（無実と身柄）をもつことは、良い刑事裁判官になるために必要である。こうして考えると、ゆくゆくは、法曹一元（裁判官はすべて弁護士経験者から選ぶ制度）が望ましいということになろう。その意味でも現在行われている弁護士任官（弁護士から裁判官になるもの）や弁護士経験研修（若手の裁判官が弁護士を一定期間経験するもの）の一層の拡充が必要である。

# 録・録の話

私は、以前「検察の在り方検討会議」の委員をしていた。なぜ、私のような者が選ばれたのか今でもよくわからない。私が若いころ法務省刑事局付き検事を六年間していたから、親法務省とみられたのかもしれない。この六年間は、刑法全面改正作業に従事し、法制審議会特別部会の幹事でもあった。裁判官の検察派遣については、多くの批判があるが、いろいろ経験し、多くの視点をえることは決してマイナスではない。ことに、立法作業については、プロパーの検察官だけではなく、裁判官出身者も必要であろう。私など新任判事補を三年やっただけで、とてもその任に堪えるだけの力はなかったが、この程度の新人の意見も実によく聞いてくれた。その意味では、法務省刑事局は、度量の大きい組織であった。

さて、この在り方検討会議は、随分短期間に提言をまとめた。二〇一〇(平成二二)年一一月一〇日から一五回の会合を経て、東日本大震災直後の二〇一一年三月三一日に提言にいたった。その間に韓国への視察もあった。それこそ無駄だという批判もあったが、そうではなかった。端的にいえば、取調べの可視化を含め、韓国の司法制度からみて、我が国のそれがだいぶ立ち後れているという強烈な印象をもった。

このような短期間に多数の会議を行った例は少ないであろう。これは、検察自体が陥った機能不全とでもいうべき事態に対して早急に対策を取らなければ、国民の信頼を失うという危機感があったからだと思う。法務・検察の本気度はたいしたものだった。笠間治雄検事総長のみせかけではない熱意も随所に感じた。震災の影響で暖房が止められ、委員に毛布が配られ、それにくるまって議論をするという、国の会議では前代未聞のこともあった。その時点では、それなりの評価をすべきことが提言された。

たとえば、私が現在でも参与として関わっている監督指導部も、その提言に基づいて設置されたものである。陸山会をめぐる田代検事事件等をめぐり、一部に批判はあるが、全体としては、捜査の適正化に大きく寄与してきたと思う。被疑者やその弁護人からのクレームがあると、最高検察庁が直ちに対応する。これまでのように当該地検限りではない。監督指導部も担当検察官からの事情聴取を行い、取調べＤＶＤを見て、クレームの当否を検討し、問題があれば改善指示を検事正等に出す。また、検察官の相互評価システムもはじめてのことであるが、順調に実施されている。裁判所にも導入すればよいのにとうらやましく思うほどだ。このように、改革を実りのあるものにするには、お題目だけではだめで、形のあるものに結実させないと、継続性がなくなってしまう。この点で提言は十分評価すべきであろう。

この提言を受けて、法制審議会に「新時代の刑事司法制度特別部会」が設けられ、審議を重ね、その答申を経て、二〇一六年六月に刑事訴訟法の大改正が行われた。この「新時代の刑事司法制度」というネーミングは、私の退官記念論文集の『新しい時代の刑事裁判』を連想させ、パクられたのかとおかしかった。このようにして、全面改正が実現したのであるが、残念なことに、取調べの全面可視化は実現しなかった。対象事件は、裁判員裁判事件と検察の独自捜査事件(政治家の汚職や企業犯罪が対象)とに限られたのである。

前記の提言は、取調べの全面可視化とともに、捜査手法の多様化を図る必要があるというものであって、傍受の範囲の拡大等がそもそもの目的ではなかったはずである。それが、捜査方法の多様化のみが実現して、肝心の取調べの全面可視化は、中途半端なものに終わった。たしかに、組織犯罪に対する有効な捜査手法の導入は、検察・警察の年来の悲願であった。ここに、この提言が利用されて千載一遇のチャンスになったのであろう。しかし、これこそ本末転倒の結論である。

しかも、現実には、試行という形をとっているが、知的障がいによりコミュニケーション能力に問題がある被疑者や一般事件の被疑者等について、かなりの事件で録・録(ロクロク)が行われている。この録・録という略語は、録音・録画のことである。捜査略語は、結構面白い。たとえば、「人着」とは、人相着衣のことである。「人着一致」などと使う。それはともかく、この実績があるのに、何故、対象を絞り込んだのかよくわからない。必要性が高い類型に限定したというが、結局、限定した範囲で法制化して、残りは裁量で自由に行おうとする腹なのであろう。

私のみるところ、録・録は、実は検察官にとってもメリットがあって、手放せなくなりつつあるのではないか。監督指導部への被疑者からのクレームもその多くが、録・録を見れば、一目瞭然で、いいがかりにすぎないことがわかるのだ。録・録への本当の抵抗勢力は、検察ではなく、警察なのであろう。

私がいろいろなことを言っても、犬の遠吠えにすぎないから、これでやめるが、この結果には今も驚いている。

## 量刑の考え方——その1 「相場」ができるまで

私は、長い間、量刑の研究をしてきた。その関係の本も二冊上梓している。私が研究を始めた約一五年前は量刑を論じた文献は少なかった。量刑は、「量刑相場」によって判断されており、それは、裁判官の長い経験により習得されるもので、特に研究の対象とはならなかった。しかも、量刑相場というものは、かなり、安定したもので、量刑の不安定をもたらしていなかった。ただ、それは、外部の人にはわかりにくいもので、いわば、ブラックボックスであった。

私が任官した時でも、一番困ったのは量刑である。司法修習でも、何か教わった記憶がない。事実認定は、それなりに一生懸命考えれば、何とかなるが、一体、被告人にどの程度の刑を科すべきか、執行猶予にすべきかがわからない。そこで、東京地裁の倉庫に潜って、膨大な判決書の写しから量刑表を作った。今でも手元にあり、論文などに使用している。

この悩みは、裁判員にとっても同じであろう。はじめて刑事事件に遭遇し、被告人なる者を見て、有罪であれば、その刑を決めなければならない。どうしてよいのかわからないのが普通だ。そこで、量刑論の必要性が起こった。それまでは、量刑相場の中味を明らかにすることに重点があったが、裁判員裁判のもとでは、裁判官として裁判員に量刑とは何なのか、その基準はどういうものか、どういう量刑事情をどの程度考慮すべきなのかを説明しなければならない。裁判員に対する説明責任（アカウンタビリティ）が生じた。裁判員からも何故刑罰を科するのですかとか、刑罰の根拠は何ですかなどと問われる場面がでてきたのである。

裁判官どうしであれば、そのような基本的な問題について議論することはまれであろう。量刑相場によりどの程度の量刑がよいか合議するだけで、いちいち原理論にまで及ばないのである。裁判員裁判では、そうはいかない。そこで、裁判員に説明する量刑論についての研究が重視され、さまざまな形で公表されている。量刑論不毛時代に誰も読んでくれない論文をせっせと書いていた自分にとっては、驚くしかない良い展開であった。不毛の砂漠を望みもなく掘削していたら、大油田が噴き出したようなものである。まさに、鉱脈を見つけたのである。書いた論文を載せてくれるところがなく、苦労したことなど、今では懐かしい思い出である。

この量刑論は、今も進化を続けている。量刑相場をブラックボックスにしないということを私は「量刑の透明化・合理化」と称して主張してきた。透明化というのは、ブラックボックスにしないことを表現しようとしたものである。透明化では、透明人間のようにインビジブルになってしまうし、透明会計みたいでいやであったが、よい表現が見つからなかった。可視化では、取調べの可視化を連想させる。合理化も労働争議を連想させせしっくりしないが、ともかくこのような視点を明確にした論文等がないので、これにしたのである。しかし、表現はともかく中味はその後の多くの論者により支持され、今日に至っている。

さて、このような量刑論の裁判員裁判への浸透にともない、大きな問題が生じてきている。裁判員裁判において裁判員の意見を尊重すべきことは当然である。制度の根幹とすらいえる。そのため、裁判官は、自分の考えをできるだけ押しつけることがないように、裁判員による自由な意見の交換に努めてきたといえよう。模擬裁判の段階では、過剰に裁判員の意見を尊重していた印象すらあった。しかし、そのお陰で、裁判員経験者によるアンケート等でも裁判官に対する高い評価が生まれ、裁判員裁判が定着しつつあるところまできた。

ところで、裁判員の意見を尊重するといっても、どこまで尊重すればよいのかという疑問がある。たしかに、事実認定については、裁判官でなくとも、それなりに事実の見方に国民の目線や経験が生きる場面が多いであろう。裁判官三人の目でなく、裁判員も含めた九人の目で見た証人の証言の評価を尊重すべきなのは、ある意味で当然なのである。

しかし、量刑はどうか。もちろん、この分野でも、裁判員からなるほどという指摘が出され、裁判官も感心したという話はよく聞く。しかし、量刑などしたことも、考えたことも、経験もない人たちの意見にどこまでコミットしてよいのかは、残された大きな問題である。

裁判員裁判における新しい量刑傾向については、これまでもいろいろなところで検討してきたが、従来の裁判官裁判では考えられないような重い刑も現にあらわれている。それが、国民の意見であり、これを尊重すべきだといわれれば、それまでのことである。だが、従来の量刑相場を大きく外れるような量刑は、たとえば、被害感情を重視したからといって、公平といえるかというぬぐえない疑問がある。こうしたなか、重要な最高裁判例が出された。次回にこれを見ていくことにしよう。

# 量刑の考え方――その2　評議で大切なこと

最近、重要な最高裁判例(最判平成二六年七月二四日)が出された。新聞でも大きく取り上げられた。事案は、夫が妻と共謀してその三女(当時一歳八カ月)の顔面を平手で一回強打して死亡させたというものである。児童虐待による傷害致死罪である。

第一審は、求刑各懲役一〇年のところ、被告人両名をそれぞれ懲役一五年に処した。控訴審もこの判断を維持した。最高裁はこれを破棄して、夫を懲役一〇年に、妻を懲役八年にそれぞれ処した。その理由は、従来の量刑傾向から踏み出した量刑をするなら、公平性の観点から裁判体の判断が具体的、説得的に判示されるべきで、それがなされていないというのである。

この判決に対しては、裁判員経験者からの不満の声などが紹介されている。たしかに、裁判員裁判を導入した以上、その判断を最大限尊重するのでなければ、新制度の意義が没却されてしまう懸念が生じる。従来の量刑傾向とは、現在のところ、裁判官裁判による量刑傾向、すなわち、量刑相場であるから、結局はそれに従えとなれば、裁判員裁判の意味がなくなるというのであろう。そこは、最高裁も慎重に判断しており、従来の量刑傾向に従うことまで求められているのではない。だが、それに変容を加えるなら、量刑評議を尽くして、その理由を具体的、説得的に判示すべきであるとした。

「変容」という言葉には、やや、マイナスのイメージを感じさせるところがあるが、従来の量刑傾向を踏み出した判断をするには、くらいの意味であろう。もっとも、この「踏み出した」も同様のイメージがある。従来の量刑傾向の尊重が大切という基本的なメッセージをあらわしているのかもしれない。このあたりは、調査官と裁判官とが智恵を絞って考えているところであろう。

そこで、従来の量刑傾向の尊重が、単に裁判官裁判による量刑傾向の尊重を意味するだけならば、いわば、守旧派的発想であるが、そうではなく、これは量刑の公平という基本理念から要請されるのである。量刑の公平とは、同種・同性質・同程度の事案には同程度の刑を科すべきだとの考え方である。従来の量刑相場から大きくはみ出した量刑に、公平という観念から問題があることについては、裁判員の方々にも、なるほどそれならやむをえないね、と基本的なコンセンサスがあると思う。

第一審判決は、児童虐待の防止のためには、厳罰を科すのが社会情勢に適合すると判断した。児童虐待は何としても防止しなければならない。そのため、立法等でいろいろな努力がなされている。そこで、刑事裁判でも重罰を科すことによって、その姿勢を明確にすべきだという主張はある意味で説得力がある。しかし、被告人両名を重罰に処したからといって、児童虐待が現実に防止されるものでもない。見せしめへの過度の期待は、常に重罰を招く。そのことは、これまでの歴史が示すとおりである。裁判の公平を犠牲にしても、その目的が達成できるならそれもいいかもしれないが、そうはならない。

そこには、刑事裁判の限界とともにその使命がある。それでは、どうしたらよいのか。今回の最高裁判例は、その処方も示している。量刑評議を十分に尽くすことである。第一審の裁判員裁判が量刑評議を尽くしていないとは言っていない。それは、そうであろう。評議の秘密があるから外部からはわからない。しかし、その言いたいところは、量刑評議を尽くせば、自然と具体的、説得的な理由が示されるはずだということである。

これは、裁判官裁判でも、同じであって、審議を尽くすことが正しい結論を導く、との「法確信」が職業裁判官にはある。この理は、裁判員裁判でも同じであろう。難しい事件でも十分に議論することで、いいアイデアや思わぬ視点が出され、裁判員のバックグラウンドを反映した判断ができると思う。

今回の最高裁の判断には、不満もあるだろう。たしかに、「民の声は神の声」であるが、裁判員は、神様ではない。苦労して自信のある結論に至っても、上訴審の審査を受けなければならない。自分たちの判断だけで、被告人に重罰を科していいのか、別の観点から是正されることについては、受け入れてもらうしかない。この点は、一回しか刑事裁判に関わらないからといっても、職業裁判官の立場と基本的に同じである。何故、人は人を裁くことができるのかという解決できない基本的な問題があるなか、法律によりいわば強制的にせよ、裁く立場に立たされた以上、この刑事裁判の厳しさに直面して苦しんでもらうしかない。

マスコミは、えてして、裁判官を権力側に、裁判員をこれに対抗する市民の代表側にそれぞれ位置付けたがる。しかし、現実には、裁判員も権力側に立つ。そして、無実の者を有罪にし、また、過酷な刑を科する可能性がある。裁判官による専断を防ぐだけでなく、裁判員によってもありうる専断を防ぐのでなければ、公平な裁判は、実現しない。

## 冤罪論——裁判所の本音は

冤罪の冤という字は、漢和辞典によると、兎《うさぎ》（兎）が冂（境界）のうちに捕らえられて、逸脱することができないさまをいうとのことである。無実の罪を意味するそうだ。ちなみに、この「逸」は、兎が脱出することを示しているという。兎が無実の白兎をイメージしているようで、面白い。

袴田事件をはじめ、冤罪事件が多発している。だが、これをどうみるかは、人による。たとえば、冤罪など我が国に存在しないという人もいよう。再審にしろ、通常の裁判にしろ、無罪となったのであるから、裁判所の判断は、最終的に正しかった。裁判所が無罪としている事件は、その意味で、冤罪とはいえないというのである。口には出さないが、これが裁判官の本音かもしれない。

ここまであつかましくない意見もある。足利事件や東電ＯＬ事件、さらに氷見事件では、他の真犯人の存在が明らかになった。これらのケースを除けば、冤罪とされる事件の多くは、判断が分かれ、微妙なものであって、被告人が真犯人である可能性は残っているから、冤罪とはいいきれないというものだ。検察官のとりそうな意見である。

また、一味ちがった見方として、制度リスク論がある。これは、冤罪が生じるのは、刑事裁判制度の不可避の現象であって、これを少なくすべきなのは、当然であっても、制度自体を廃止できない以上、限界があるとする考え方である。「一〇人の真犯人を逃しても、一人の無辜《むこ》の人を救うべきである」という有名な法格言についても、一〇〇人の真犯人を逃してもよいのか、一〇〇〇人ならどうか。そうなれば、社会の安全は維持できないだろうというのである。

死刑廃止論の有力な根拠の一つは、無実の者を死刑にしたら、それこそ、取り返しのつかない不正義だということにある。これに対して、我が国はこれまで無実の者を死刑にした例はないとか、冤罪は、死刑に特有なことではなく、あらゆる犯罪に起こりうることだから、冤罪を理由に死刑を廃止すべきだというなら、他の刑罰も廃止すべきではないかとの反論がある。死刑がダメで無期懲役ならよいとする理屈はないというのだ。随筆家の江國滋《えくにしげる》さんは、「法と秩序を維持するために支払わざるをえなかった高価な必要経費であって、罪なくして処刑された人物は、殉教者であった、と割り切ることで心を偽るしかない」という(『書斎の寝椅子』岩波書店)。これも、冤罪不可避論の突き詰めた結論であろう。そう割り切って「心を偽るしかない」という言葉に、一種の良心の呵責を感じさせる巧みな表現だと感心した。

このように、冤罪不存在論や冤罪不可避論はあるが、やはり、冤罪は不正義であるから、できる限りこれをなくすようにしなければならない。そのためには、三つの点が重要である。取調べの全面可視化と、人質司法の解消と、証拠開示の徹底である。私は、これを冤罪防止の三本の矢と称している。二〇一六年六月の刑事訴訟法の改正では、裁判員裁判対象事件と検察官独自捜査事件に限り可視化を法制化し、他事件には及ばず、人質司法の点については、現状認識が大きく相違し、共通の認識が得られなかったとして何らの実質的な改革は図られず、証拠開示も一覧表の交付に止まった。誠に残念な結果である。

これまでの経緯を振り返ってみると、可視化をある程度認める代わりに、捜査権の強化を図ることが真の狙いであったのだろう。どだい、冤罪防止というような観点は最初からなかったとすらいえる。そもそも、我が国の刑訴法学者の多くは、冤罪不存在論か冤罪不可避論に立ち、冤罪問題について、実に冷淡である。これは、世界的にみても特異な傾向であろう。さらには、我が国には人質司法はないという信じがたいことが語られている。

私がかかわった大型脱税事件では、公判前整理手続に二年三カ月を要し、これ自体、日本新記録だともいわれた。しかも、その間、否認しているからといって、裁判所は被告人の身柄を拘束しつづけたのである。その裁判は、一審で無罪となっただけではなく、裁判長が判決言渡しの後、この長期の身柄拘束を謝罪した。これは、人質司法そのものではないのか？

とはいえ、私は、このような冤罪に対する考え方にも大きな変化が起こっていると思う。一つは、ＤＮＡ等の客観証拠により無実が明らかになってきていることである。もう一つは、誰でもいつでも冤罪被害者にも冤罪加害者にもなりうることである。前者は、痴漢冤罪事件の多発である。後者は、裁判員裁判の実現である。一般国民は、冤罪事件といえば、強盗殺人や殺人で、しょせん、裁判官が判断することであり、自分には関係がないと考えてきたであろう。これからは、両者になりうることが現実となってきた。ここに、冤罪はどうしても防ぐべきだというコンセンサスが生まれることが期待できる。かなりの楽観かもしれないが。

# 名もない顔もない裁判官

『名もない顔もない司法』(NTT出版)という本がある。この本の著者である法学者のダニエル・H・フットさんは、別の論文で理想の裁判官について、アメリカ・メイン州の連邦地方裁判所のジヌー判事を例に、法の尊重、公正さ、良心に従って勇気をもつこと、人間に対する思いやりの四点を挙げている(「司法に何を望むか」『ジュリスト』一一七〇号)。

この四点は、我が国においても妥当すべき裁判官の基本的な資質である。理想の裁判官とはこのような人をいうのであろうと実感できる。これに対して、我が国の理想の裁判官は誰ですかと問われて、すぐに答えられる人は、残念ながらいないであろう。フットさんも、日本にジヌー氏のような裁判官が多いということも十分考えられる、とする。そういう人はいないというのではなく、具体的に思い浮かばないのである。我が国の裁判官は、個性がなく、まさに

「名もない顔もない裁判官」だからである。

フットさんは、この点について、「日本では名もなく顔もない裁判官が理想とされる。裁判官が誰であるかはむしろ問題となってはいけない。というのも、判決というのは誰が裁判官として座っているかにかかわらず、同じであるものとされているからである」と論じる(前掲書)。団藤重光先生がアメリカ連邦最高裁判所を訪れた際、九人の裁判官の椅子の大きさと形がそれぞれ違っていることに感銘を受けたという有名な話も挙げられている。

私が連邦最高裁判所の口頭弁論を傍聴したとき、椅子のことよりもっと驚いたのは、体調が極めて悪かったダグラス判事の裁判官席の後ろに若い女性が坐り、同判事をサポートしていたことである。同判事は、リベラル派の砦として命を懸けて頑張っていた。自由な国だなと思った。また、連邦最高裁判事は、出身州のスターであり、かつ、全米のスターでもあった。その州から来たおのぼりさんの一行が熱いまなざしで裁判官を見ている。我が国の最高裁判所ではとても考えられないことだ。このとき、お世話になっていた司法省の女性課長の計らいで、一流レストランでのレーンクィスト判事とのディナーのご相伴にあずかった。同判事は後に連邦最高裁長官になられた。

そもそも、裁判官に対する敬意の度合いが我が国とはまったく違う。私も渡米当初は正確に法務省刑事局付検事に当たる英語でたどたどしく自己紹介していたが、もともと裁判官だったからいいやと思い、「ジャッジ」だと言ったところ、見る目が違ってきた。裁判官にしては若すぎると疑問に思いつつ、よほど優秀なのだろうと勝手に善解してくれる。それ以来、官名を詐称し続けた。

他方で、我が国には、アメリカでいう悪徳判事はいないと思う。賄賂を要求し、賄賂をくれた側を勝たせる裁判官のことである。この点の廉潔さは、誇るべきことであろう。アメリカでは、賄賂を貰ったことで処罰される裁判官も少なくないという。私の好きな推理小説でもこの典型的な悪徳判事が描かれている。また、法廷ジョーク集の定番でもある。ある依頼者が、上等な葉巻一箱を裁判官に贈ってはと相談したところ、弁護士は、あの判事はそういうことに実に厳しい人だからそんなことをしたらかえって負けると助言し、訴訟は幸い勝った。ところが、依頼者は、助言に反して葉巻を贈っていたという。相手方の名刺をそえて。この話など、裁判官が賄賂を貰うこと自体ありうることだという前提がないと成り立たない。

川島武宜《たけよし》先生がハワイの学会でアメリカの学者から「日本では裁判官の何割ぐらいが事件の当事者から賄賂を取っているか」と聞かれ、「そういう事例はまずないと思う、ゼロに近い」と答えたところ、まったく信用せず、激怒して、先生に「軽べつに値する。君は学者ではない」とまで言い放ったという。裁判官への賄賂が日本にはないなどとはとても信じられなかったのであろう(『ある法学者の軌跡』有斐閣)。国民の誰もが裁判官が賄賂を受け取ることはないと確信しており、そもそも裁判官に賄賂を贈って訴訟を有利にしようという発想がないからだとも説明されている。

もっとも、我が国でも依頼者から、これは裁判官に渡す分だと言って多額な報酬を騙し取る悪徳弁護士がいたと聞いたことがある。昔の話で、今ではとても信じられない。自由と悪徳か、不自由と廉潔かのいずれをとるかといえば、やはり、後者の廉潔さが我が国の誇るべき伝統であって尊重すべきである。そうはいっても、椅子の点はともかく、もっと自由があっていいとも思う。裁判官は、世間の普通の付き合いからも孤立しがちで、世間知らずにおちいりやすい。現職の裁判官が野鳥の会に自由に入会したいと書いて話題となった。そのくらいの自由はあると思うが、そのことが気になる窮屈さはあるのかもしれない。政治的にもあまりにも自由なアメリカと対比して、我が国にはその自由が全くないといってよい。これはこれでよいと言い切れるのかという疑問は残る。

## 「判事の良心に二つはない」

私が在職中の若いころ、最高裁で被告人の犯人性が否定され無罪となった場合、有罪とした原審の高裁の裁判長は、潔く辞任すべきとか、それは行き過ぎだとか仲間うちで議論した覚えがある。若気の至りともいうべきだが、それだけ裁判というのは重大な責任があるという認識は共通していた。私も、自分にはとうていまねできないが、前者の進退のあり方に共鳴した一人であった。

第三章でも触れたように、誤判が判明した場合、裁判官にはどのような責任があるのかという問題は、難しいものがある。最高裁でその判断が否定された場合でも、それが、法律論であったり、量刑論であったときは、いちいち裁判官の責任が問題にならないのが普通であろう。犯人性に関する事実認定の場合でも、被告人が、実は真犯人でうまく無罪を勝ち取ったとすれば、誤判の問題は深刻でない。

問題になるのはそうではなく、被告人が真犯人でないことが判明した場合である。裁判官に刑事的・民事的な責任があるかどうかの点はともかく、裁判官として道義的な責任があるか。

「すべて裁判官は、その良心に従ひ独立してその職権を行ひ、この憲法及び法律にのみ拘束される。」（憲法七六条三項）。この良心とは、一九条の「思想及び良心の自由は、これを侵してはならない。」でいう良心と同じであるのかという問題がある。七六条三項でいう良心は、客観的な「裁判官としての良心」であるという説が通説のようであるが、学生時代読んだ、「良心に二つはない」という平野龍一先生の『刑事訴訟法』（有斐閣）の一節が深く心に残っている。良心は、両心なのではないというわけだ。

そこで、裁判官は、法と良心のみに従い裁判すべきであるといわれる。法と良心に従っているならば、その判断に誤りがあったことが後に判明しても、道義的な責任はないのではないかという議論は十分ありうる。そうであるなら、冒頭で述べたような高潔な裁判官の進退のあり方は誤っているのであろうか。誰でもできることではないが、やはり、正しい身の処し方だというべきであろう。

戦後、一時期、裁判官の戦争責任が議論になったことがある。ドイツとは異なり我が国では、一人も公職追放されることなく、いつの間にか、この問題は忘れ去られ、私の若いころもそのようなことを論じること自体不穏当だという流れになった。他の分野でもそうだが、裁判所でも旧体制下の裁判官が一部生き残り、主流となったのである(青木英五郎『裁判官の戦争責任』日本評論新社)。戦争責任と誤判責任を同列に論じることはできないが、裁判官の責任の取り方という点では、共通したものがある。

ある事件で逆転無罪にしたところ、その第一審の裁判長がわざわざ裁判官室に訪ねて来て、どういう点が誤っており、正すべきであるのかを真摯に尋ねた。最初は、文句を言いに来たのかと思い、身構えたが、その真剣な態度に感銘を受け、いろいろ感じたところを述べたことがある。このような態度は、なかなかとれそうでとれるものではない。

私もたくさんの逆転無罪判決を出しているのに、自分自身、逆転無罪をくらったこともある。最高裁で逆転無罪になったこともある。こういうとき、凡人は、頭にきて、その判断のほうが誤っているなどとうそぶき、酒を飲んであきらめるのがおちである。そこで、立ち直って、その判断をした裁判長に教えを乞うというのは、立派だ。この男は、偉いなと思った。それだけ、裁判に対して真摯に臨んでいる証拠だろう。彼は、その後、高裁長官になったが、他人事ながら当然の人事だと喜んだ。誤った裁判をしたときの処し方は、裁判官であれば各自それなりに考えておくべきであろう。

フランスでは、二〇〇〇年にウトゥロというカレー海峡(ドーバー海峡のこと。フランスでは、フランス側のカレーにちなんだ名前で呼ぶらしい)沿いの小さな町で子供らに対する性的虐待事件が起き、司祭や裁判所執行官ら一七名が起訴された。ところが、子供らの両親を含む四名を除く一三名が最終的に無罪となり、一大冤罪事件として注目を集めたという。国会に設置された調査委員会では予審判事(起訴された事件を捜査し、管轄裁判所に送致するか否かを決定する裁判官)に対して約五時間に及ぶ厳しい尋問がなされ、その状況がテレビで中継された(白取祐司『フランスの刑事司法』日本評論社)。フランスに留学中、これを視聴した日本の若手裁判官は、同年代の裁判官が委員から次々に詰問される映像にショックを受けたと述べている。

これに対して、日本の裁判官は、司法権の独立の盾のもとで深く守られている。それだけに、責任も重いというべきであろう。前記のような自分の誤判に真摯に向かいあう裁判官もいることが救いである。

# 絶望から希望へ

月刊誌でこの連載を始めたとき、最初は、ここまで続くとは思いもしなかった。これも、読者の方々の声なきご支援の賜物である。

よくネタが切れませんねとも言われる。感心というよりもあきれている風でもある。実は、私には、昔から法廷で面白いことがあると、すぐノートに書いておく習慣があった。ノートの題名は、「法廷ちょっといい話」である。戸板康二さんの『ちょっといい話』（文藝春秋）にならった。そこには、とても活字にはできないような、品のない話も結構ある。紹介できないのが惜しいやら残念やらだ。

このノートのおかげで、連載ができたといえる。若い人にも是非勧めたい習慣である。面白いなと思ってもノートにつけておかないと、すぐ忘れてしまう。また、裁判官に何か面白い話はないですかと聞くと、結構、皆教えてくれる。堅物だと思っていた裁判官から噴飯ものの傑作を教えてもらったこともある。いわば取材した話をメモしておくのである。

この連載に役立ったもう一つの長年の習慣は、日記を付けていることだ。平成元年一二月から今日まで続いている。学生時代や若いころも、断続的に書いていた。日記といえば、私の曽祖父のいとこである川路聖謨《かわじとしあきら》が有名である。川路は、おそらく、幕末期のもっとも評価の高い幕臣の一人であった。吉村昭も敬愛の情をこめて、その著『落日の宴――勘定奉行川路聖謨』(講談社文庫)を書いている。

曽祖父は、川路に可愛がられ、その前名「弥吉」を授けられ、終世の名とした。曽祖父の祖父は、豊後《ぶんご》日田《ひた》代官所の手附(下級役人)であった。たまたま当地に来ていた素浪人と友誼を深め、その人物を見込んで自分の娘を嫁がせた。その間に生まれたのが川路である。川路は、この母親に手を引かれて、先に出府していた父親のいる江戸に出たのである。

榎本武揚《えのもとたけあき》のもとで函館戦争を戦い、明治期に政府高官となった曽祖父よりも、江戸開城が決まった翌日、自害した川路のほうが実は私は好きである。川路は、幕府官僚組織の最末端からそのトップである勘定奉行筆頭にまで立身出世した。その過程で寺社奉行のもと幾多の難事件の裁判を担当した。当時寺社奉行所には多くの事件が滞留していたが、これを一掃し、その凄腕を老中らに知らしめた。

川路は、実に多くの日記を残している。『長崎日記・下田日記』(平凡社東洋文庫)は、ロシアの使節プチャーチンとの日露和親条約の締結交渉の日々を記したもので、ロシアに国後《くなしり》、択捉《えとろふ》の日本帰属を認めさせたくだりなど、歴史的に大きな価値をもっている。

このような偉大な先人にちなんで日記を書いているわけではもとよりないが、日記にはいろいろな効用がある。多くの労苦も当時を読み返してみると意外と時の流れによって解決しており、現在の苦労もどうにかなるさと気が楽になる。今の反省は、パソコン入力が可能になってからでも、日記をデータ化しておけばよかったと思うことだ。

さて、本書を手に取った方には、元裁判官による鋭い裁判批判や最高裁批判を期待した向きもあろう。その期待には、残念ながらこたえていない。いらいらするほど、緩いキャラだと思う。最近、『絶望の裁判所』(瀬木比呂志、講談社現代新書)をはじめとして、裁判所に対する批判が喧《かまびす》しい。しかし、私としては、自分が送ってきた人生の場を否定するようなことは言いたくない。裁判所は、実に良い世界だと思う。〝ヒラメ裁判官〟が多いともいわれる。だが、裁判官も職員も、知的にも人間的にもレベルが高く、信頼するに足りる。裁判官も世間から見るより、ずっと人間的で素晴らしい人が多い。このことを少しでもわかってもらいたいという思いから執筆した。裁判員裁判のおかげで、裁判員になられた方々も多くは裁判官の能力を評価し、親しみをもつようになったのではないか。そういう人々が確実に国民のなかに増えていけば、司法に対する見方もよくなってくるものと思う。

今までは、裁判官といえば、いわば、別世界の人でおよそ世間的な感覚も常識もない人たちだと思っていたであろう。そんなことはない。確かに、冤罪問題への対応など批判すべき点は多々あるが、絶望してもしょうがないことだ。絶望したらお終《しま》いだ。平野龍一先生の「我が国の刑事裁判はかなり絶望的である」という言葉(「現行刑事訴訟の診断」『団藤重光博士古稀祝賀論文集』第四巻所収)がその本来の意図(書面主義に対する批判)を離れ、裁判所全体を誹謗《ひぼう》するために用いられたことが想起される。

『希望の裁判所――私たちはこう考える』(LABO)という題の本が出版された。裁判所のなかで苦労してきた裁判官たちが司法改革を契機に、裁判所にも希望があり、それを実現していくべきだというのである。絶望から希望へ、とはいいじゃないか。

# おわりに

本書は、二〇一三年一〇月号から二〇一七年一月号まで四〇回にわたり岩波書店の『世界』に連載した「裁判官の余白録」をまとめたものである。この連載をふりかえってみると、裁判官にこのようなコラムを書かせようとした岩波編集部も変わっていると思えてくる。どうみても、堅苦しいことばかり書くことが予想されるのに、よく踏み切ったものだ。そうはならないように、少しでも肩の凝らないものをめざしたが、そうはいっても、取り扱うテーマが死刑だとか冤罪だとかいった深刻な問題で、軽率なことを書くわけにもいかない。幸い、『世界』の読者の方々には、ご理解いただいたと楽観している。書名は、「裁判の非情と人情」とした。非情とは、不人情ではなく、非人情である。裁判は、権力により無実の者を死刑に処しうる。まさに、非情である。他方、その中にも人情を感じさせる判断もある。ここが書きたかったのである。

この連載で岩波の底力にも感心した。文化現象全般について深くて広い知識が詰まっている感じだ。第一章で取り上げた、ペルシャ語でシェヘラザード姫の物語を聞いてみたいものだというくだりも、アラビア語の千一夜物語をペルシャ語で聞く可能性もきちんとその分野の専門家に聞いて検証してくれた。法律雑誌では、考えられないことだ。

この連載のおかげで、一カ月があっという間に過ぎる。雑誌が出版され、自宅に届くと、もう次号の準備が始まる。私の場合、気が小さいので、締め切りに間に合わないと大変という強迫観念から、常に五、六回分のストックを用意している。そこで、すぐ原稿が渡せるのは、編集者泣かせの反対でひそかな自慢でもある。この性分も、裁判官時代の判決言渡しまでに判決書ができなかったらお終いだという恐ろしさの延長かもしれない。裁判官というのは因果な商売で、今でも、判決を言い渡そうとしたら白紙だったという夢を見て、苦しめられる。ゆうゆうと締め切りをこえても平然としている人をみると本当に羨ましい。

この連載では、金沢在住の赤池佳江子さんの挿絵も楽しみの一つだった。自分が書いた原稿をご覧になって、どのような挿絵にされるのか期待し、いつも、なるほどと感心した。テーマが裁判という特殊な世界なのでご苦労されたことと思う。この際、心から謝意を述べたい。また、帯に素晴らしい文章をいただいた山田監督には心から御礼を申し上げる。憧れの監督からこのようなメッセージを頂戴し、望外の幸せであった。私は裁判所を退職したが、すでに述べたように、個人的には「寅さんを何度も観返している裁判官がいる限り、この国の法曹界を信じたい」と思っている。そして、最後になったが、『世界』編集部の皆さん、ことに本コラムを担当された堀由貴子さんには、本当にお世話になった。適切なアドバイスがありがたかった。文章の質も格段に良くなったと思う。しかも、記述の背景にまで心が及ぶところが素晴らしい。

原田國男

二〇一六年一二月

原田國男

1945年鎌倉市生まれ．
1967年東京大学法学部卒業．博士(法学，慶應義塾大学)．
1969年に裁判官任官ののち，長年にわたり刑事裁判に携わり，2010年に東京高等裁判所部総括判事を定年退官．
現在―弁護士(第一東京弁護士会所属)．
著書―『量刑判断の実際(第3版)』(立花書房)
『裁判員裁判と量刑法』(成文堂)
『逆転無罪の事実認定』(勁草書房) ほか．

裁判の非情と人情　　岩波新書(新赤版)1646

2017年2月21日　第1刷発行
2021年4月26日　第5刷発行

著　者　原田國男《はらだくにお》

発行者　岡本　厚

発行所　株式会社 岩波書店
〒101-8002 東京都千代田区一ツ橋2-5-5
案内 03-5210-4000　営業部 03-5210-4111
https://www.iwanami.co.jp/

新書編集部 03-5210-4054
https://www.iwanami.co.jp/sin/

印刷・三陽社　カバー・半七印刷　製本・中永製本


ISBN 978-4-00-431646-6　　Printed in Japan

# 岩波新書新赤版一〇〇〇点に際して

ひとつの時代が終わったと言われて久しい。だが、その先にいかなる時代を展望するのか、私たちはその輪郭すら描きえていない。二〇世紀から持ち越した課題の多くは、未だ解決の緒を見つけることのできないままであり、二一世紀が新たに招きよせた問題も少なくない。グローバル資本主義の浸透、憎悪の連鎖、暴力の応酬――世界は混沌として深い不安の只中にある。

現代社会においては変化が常態となり、速さと新しさに絶対的な価値が与えられた。消費社会の深化と情報技術の革命は、種々の境界を無くし、人々の生活やコミュニケーションの様式を根底から変容させてきた。ライフスタイルは多様化し、一面では個人の生き方をそれぞれが選びとる時代が始まっている。同時に、新たな格差が生まれ、様々な次元での亀裂や分断が深まっている。社会や歴史に対する意識が揺らぎ、普遍的な理念に対する根本的な懐疑や、現実を変えることへの無力感がひそかに根を張りつつある。そして生きることに誰もが困難を覚える時代が到来している。

しかし、日常生活のそれぞれの場で、自由と民主主義を獲得し実践することを通じて、私たち自身がそうした閉塞を乗り超え、希望の時代の幕開けを告げてゆくことは不可能ではあるまい。そのために、いま求められていること――それは、個と個の間で開かれた対話を積み重ねながら、人間らしく生きることの条件について一人ひとりが粘り強く思考することではないか。その営みの糧となるものが、教養に外ならないと私たちは考える。歴史とは何か、よく生きるとはいかなることか、世界そして人間はどこへ向かうべきなのか――こうした根源的な問いとの格闘が、文化と知の厚みを作り出し、個人と社会を支える基盤としての教養となった。まさにそのような教養への道案内こそ、岩波新書が創刊以来、追求してきたことである。

岩波新書は、日中戦争下の一九三八年一一月に赤版として創刊された。創刊の辞は、道義の精神に則らない日本の行動を憂慮し、批判的精神と良心的行動の欠如を戒めつつ、現代人の現代的教養を刊行の目的とする、と謳っている。以後、青版、黄版、新赤版と装いを改めながら、合計二五〇〇点余りを世に問うてきた。そして、いままた新赤版が一〇〇〇点を迎えたのを機に、人間の理性と良心への信頼を再確認し、それに裏打ちされた文化を培っていく決意を込めて、新しい装丁のもとに再出発したいと思う。一冊一冊から吹き出す新風が一人でも多くの読者の許に届くこと、そして希望ある時代への想像力を豊かにかき立てることを切に願う。

（二〇〇六年四月）

## 岩波新書より

### 法律

治安維持法と共謀罪　内田博文
裁判の非情と人情　原田國男
独占禁止法〔新版〕　村上政博
密着 最高裁のしごと　川名壮志
「法の支配」とは何か 行政法入門　大浜啓吉
会社法入門〔新版〕　神田秀樹
憲法への招待〔新版〕　渋谷秀樹
比較のなかの改憲論　辻村みよ子
大災害と法　津久井進
変革期の地方自治法　兼子仁
原発訴訟　海渡雄一
労働法入門　水町勇一郎
人が人を裁くということ　小坂井敏晶
知的財産法入門　小泉直樹
消費者の権利〔新版〕　正田彬
司法官僚 裁判所の権力者たち　新藤宗幸
名誉毀損　山田隆司
刑法入門　山口厚
家族と法　二宮周平
憲法とは何か　長谷部恭男
良心の自由と子どもたち　西原博史
著作権の考え方　岡本薫
有事法制批判　憲法再生フォーラム編
法とは何か〔新版〕　渡辺洋三
民法のすすめ　星野英一
日本社会と法　渡辺洋三・甲斐道太郎・広渡清吾・小森田秋夫編
日本の憲法〔第三版〕　長谷川正安
憲法と天皇制　横田耕一
自由と国家　樋口陽一
憲法第九条　小林直樹
納税者の権利　北野弘久
小繋事件　戒能通孝
日本人の法意識　川島武宜

### カラー版

カラー版 国芳　岩切友里子
カラー版 知床・北方四島　大泰司紀之・本間浩昭
カラー版 西洋陶磁入門　大平雅巳
カラー版 すばる望遠鏡の宇宙　海部宣男・宮下曉彦写真
カラー版 ベトナム戦争と平和　石川文洋
カラー版 難民キャンプの子どもたち　田沼武能
カラー版 メッカ　野町和嘉
カラー版 シベリア動物誌　福田俊司
カラー版 ハッブル望遠鏡が見た宇宙　野本陽代・R・ウィリアムズ
カラー版 妖怪画談　水木しげる

## 岩波新書より

# 社　会

サイバーセキュリティ　谷脇康彦
まちづくり都市 金沢　山出 保
虚偽自白を読み解く　浜田寿美男
総介護社会　小竹雅子
戦争体験と経営者　立石泰則
住まいで「老活」　安楽玲子
現代社会はどこに向かうか　見田宗介
EVと自動運転 クルマをどう変えるか　鶴原吉郎
ルポ 保育格差　小林美希
津波災害〔増補版〕　河田惠昭
棋士とAI　王 銘琬
原子力規制委員会　新藤宗幸
東電原発裁判　添田孝史
日本問答　田中優子・松岡正剛
日本の無戸籍者　井戸まさえ
〈ひとり死〉時代のお葬式とお墓　小谷みどり

町を住みこなす　大月敏雄
親権と子ども　榊原富士子・池田清貴
歩く、見る、聞く 人びとの自然再生　宮内泰介
対話する社会へ　暉峻淑子
悩みいろいろ　金子 勝
魚と日本人 食と職の経済学　濱田武士
ルポ 貧困女子　飯島裕子
鳥獣害 動物たちと、どう向きあうか　祖田 修
科学者と戦争　池内 了
新しい幸福論　橘木俊詔
ブラックバイト 学生が危ない　今野晴貴
原発プロパガンダ　本間 龍
ルポ 母子避難　吉田千亜
日本にとって沖縄とは何か　新崎盛暉
日本病 長期衰退のダイナミクス　金子 勝・児玉龍彦
雇用身分社会　森岡孝二
生命保険とのつき合い方　出口治明

ルポ にっぽんのごみ　杉本裕明
鈴木さんにも分かるネットの未来　川上量生
地域に希望あり　大江正章
世論調査とは何だろうか　岩本 裕
フォト・ストーリー 沖縄の70年　石川文洋
ルポ 保育崩壊　小林美希
多数決を疑う 社会的選択理論とは何か　坂井豊貴
アホウドリを追った日本人　平岡昭利
朝鮮と日本に生きる　金 時鐘
被災弱者　岡田広行
農山村は消滅しない　小田切徳美
復興〈災害〉　塩崎賢明
「働くこと」を問い直す　山崎 憲
原発と大津波 警告を葬った人々　添田孝史
縮小都市の挑戦　矢作 弘
福島原発事故 被災者支援政策の欺瞞　日野行介
日本の年金　駒村康平

## 岩波新書より

## 岩波新書より

### 現代世界

- トランプのアメリカに住む　吉見俊哉
- ライシテから読む現代フランス　伊達聖伸
- ベルルスコーニの時代　村上信一郎
- イスラーム主義　末近浩太
- ルポ 不法移民 アメリカ国境を越えた男たち　田中研之輔
- 習近平の中国 百年の夢と現実　林　望
- 日中漂流　毛里和子
- 中国のフロンティア　川島　真
- シリア情勢　青山弘之
- ルポ トランプ王国　金成隆一
- ルポ 難民追跡 バルカンルートを行く　坂口裕彦
- アメリカ政治の壁　渡辺将人
- プーチンとG8の終焉　佐藤親賢
- 香港 中国と向き合う自由都市　倉田　徹・張イクマン
- 〈文化〉を捉え直す　渡辺　靖

- イスラーム圏で働く　桜井啓子編
- 中南海 知られざる中国の中枢　稲垣　清
- フォト・ドキュメンタリー 人間の尊厳　林　典子
- ㈱貧困大国アメリカ　堤　未果
- 女たちの韓流　山下英愛
- 新・現代アフリカ入門　勝俣　誠
- 中国の市民社会　李　妍焱
- 勝てないアメリカ　大治朋子
- ブラジル 跳躍の軌跡　堀坂浩太郎
- 非アメリカを生きる　室　謙二
- ネット大国中国　遠藤　誉
- 中国は、いま　国分良成編
- ジプシーを訪ねて　関口義人
- 中国エネルギー事情　郭　四志
- アメリカン・デモクラシーの逆説　渡辺　靖
- ユーラシア胎動　堀江則雄
- オバマ演説集　三浦俊章編訳
- ルポ 貧困大国アメリカⅡ　堤　未果

- オバマは何を変えるか　砂田一郎
- イスラエル　臼杵　陽
- ネイティブ・アメリカン　鎌田　遵
- アフリカ・レポート　松本仁一
- ヴェトナム新時代　坪井善明
- イラクは食べる　酒井啓子
- ルポ 貧困大国アメリカ　堤　未果
- エビと日本人Ⅱ　村井吉敬
- 北朝鮮は、いま　北朝鮮研究学会編 石坂浩一監訳
- 欧州連合 統治の論理とゆくえ　庄司克宏
- バチカン　郷富佐子
- 国際連合 軌跡と展望　明石　康
- アメリカよ、美しく年をとれ　猿谷　要
- 日中関係 戦後から新時代へ　毛里和子
- いま平和とは　最上敏樹
- 「民族浄化」を裁く　多谷千香子
- サウジアラビア　保坂修司
- 中国激流 13億のゆくえ　興梠一郎

## 岩波新書より

| | |
|---|---|
| 多民族国家 中国 | 王　柯 |
| 国連とアメリカ | 最上敏樹 |
| 東アジア共同体 | 谷口　誠 |
| ヨーロッパとイスラーム | 内藤正典 |
| 現代の戦争被害 | 小池政行 |
| 帝国を壊すために | アルンダティ・ロイ　本橋哲也訳 |
| 多文化世界 | 青木　保 |
| デモクラシーの帝国 | 藤原帰一 |
| パレスチナ〔新版〕 | 広河隆一 |
| 人道的介入 | 最上敏樹 |
| 異文化理解 | 青木　保 |
| ロシア市民 | 中村逸郎 |
| ロシア経済事情 | 小川和男 |
| 南アフリカ「虹の国」への歩み | 峯　陽一 |
| ユーゴスラヴィア現代史 | 柴　宜弘 |
| ビルマ「発展」のなかの人びと | 田辺寿夫 |
| 東南アジアを知る | 鶴見良行 |
| 獄中19年 | 徐　勝 |
| モンゴルに暮らす | 一ノ瀬恵 |
| チェルノブイリ報告 | 広河隆一 |
| イスラームの日常世界 | 片倉もとこ |
| サッチャー時代のイギリス | 森嶋通夫 |
| エビと日本人 | 村井吉敬 |
| バナナと日本人 | 鶴見良行 |
| 韓国からの通信 | T・K生　「世界」編集部編 |
| 現代支那論 | 尾崎秀実 |

## 福祉・医療

岩波新書より

## 経済

日本の税金〔第3版〕 三木義一
金融政策に未来はあるか 岩村充
経済数学入門の入門 田中久稔
地元経済を創りなおす 枝廣淳子
会計学の誕生 渡邉泉
偽りの経済政策 服部茂幸
ミクロ経済学入門の入門 坂井豊貴
経済学のすすめ 佐和隆光
ガルブレイス 伊東光晴
ユーロ危機とギリシャ反乱 田中素香
ポスト資本主義 科学・人間・社会の未来 広井良典
タックス・イーター 志賀櫻
コーポレート・ガバナンス 花崎正晴
グローバル経済史入門 杉山伸也
新・世界経済入門 西川潤
金融政策入門 湯本雅士
日本経済図説〔第四版〕 宮崎勇 本庄真 田谷禎三
新自由主義の帰結 服部茂幸
タックス・ヘイブン 志賀櫻
WTO 貿易自由化を超えて 中川淳司
日本財政 転換の指針 井手英策
日本の税金〔新版〕 三木義一
世界経済図説〔第三版〕 宮崎勇 田谷禎三
成熟社会の経済学 小野善康
平成不況の本質 大瀧雅之
原発のコスト 大島堅一
次世代インターネットの経済学 依田高典
ユーロ 危機の中の統一通貨 田中素香
低炭素経済への道 諸富徹 浅岡美恵
「分かち合い」の経済学 神野直彦
グリーン資本主義 佐和隆光
消費税をどうするか 小此木潔
国際金融入門〔新版〕 岩田規久男
金融商品とどうつき合うか 新保恵志
金融NPO 藤井良広
地域再生の条件 本間義人
経済データの読み方〔新版〕 鈴木正俊
格差社会 何が問題なのか 橘木俊詔
景気とは何だろうか 山家悠紀夫
環境再生と日本経済 三橋規宏
社会的共通資本 宇沢弘文
景気と国際金融 小野善康
経営革命の構造 米倉誠一郎
ブランド 価値の創造 石井淳蔵
景気と経済政策 小野善康
戦後の日本経済 橋本寿朗
共生の大地 新しい経済がはじまる 内橋克人
シュンペーター 伊東光晴 根井雅弘
経済学の考え方 宇沢弘文
経済学とは何だろうか 佐和隆光
イギリスと日本 森嶋通夫
近代経済学の再検討 宇沢弘文

## 岩波新書/最新刊から

1866
**倒産法入門** —再生への扉—
伊藤 眞 著
倒産とは何か。「破産」「民事再生」「会社更生」「特別清算」「私的整理」はどう違うのか。倒産法制の仕組みと基本原理を解説。

1867
**ヒンドゥー教10講**
赤松明彦 著
複雑なりたちをもつヒンドゥー教を、歴史的・地域的な重層性に注意しながら、丁寧なテキスト読解によって体系的に理解する。

1868
**プライバシーという権利** —個人情報はなぜ守られるべきか—
宮下 紘 著
個人情報が知らないうちに利用されてしまう時代。今必要なのは、過剰反応することなくプライバシーの核心と向きあうことだ。

1869
**花粉症と人類**
小塩海平 著
ネアンデルタール人も花粉症？「謎の風邪」解明に挑む医師たちの涙ぐましい努力とは？花粉症を愛をもって描く初めての本。

1870
**尊厳** —その歴史と意味—
マイケル・ローゼン 著
内尾太一
峯　陽一 訳
尊厳は人権言説の中心にある哲学的な難問だ。なぜ私たちは死者を敬うのか。生と死、人間の義務をめぐる啓蒙書が示す道とは。

1871
**戦後政治史 第四版**
石川真澄
山口二郎 著
3・11からコロナ危機までの一〇年分を増補。それは自民党「一強」と野党の弱体化が進んだ時代であった。定評のある通史の最新版。

1872
**労働組合とは何か**
木下武男 著
「古臭い」「役に立たない」といわれる労働組合。しかし、それは「本当の労働組合」ではない。第一人者が描く秘めた可能性。

1873
**時代を撃つノンフィクション100**
佐高 信 著
戦後の日本社会に深い影響を与えた古典的名著から二〇一〇年代の作品まで。時代を撃ち続ける一〇〇冊を選び抜いたブックガイド。

(2021.4)